德勤新视界

2019年（总第八辑）

智造新起点

德勤中国 编

Making an Impact that Matters

大胆求新 · 深远影响 · 卓越领导

上海交通大学出版社
SHANGHAI JIAO TONG UNIVERSITY PRESS

内容提要

本书以智能制造为主题，分析了宏观经济、互联网金融、智能制造、汽车、新零售 5G、人工智能、高科技等领域的最新趋势及领先理念，具体内容有：2019 年中国经济展望、互联网金融的可为与不可为——对话唐宁、企业如何部署智能赛道、“后合资时代”的中国汽车自主品牌、数字化生活服务市场生态展望、5G 重塑全行业、AI 来临：重构城市 DNA、“独角兽”到“千里马”——从优秀到卓越，等等。

本文适合对宏观经济、行业趋势、企业管理等话题感兴趣的商界人士以及相关领域的管理层阅读和参考。

图书在版编目（CIP）数据

智造新起点：打破工厂边界 / 德勤中国编 . —上海：上海交通大学出版社，2019
（德勤新视界）
ISBN 978-7-313-20934-4

Ⅰ . ①智… Ⅱ . ①德… Ⅲ . ①智能制造系统 - 制造工业 - 研究 - 中国 Ⅳ . ① F426.4

中国版本图书馆 CIP 数据核字（2019）第 034795 号

智造新起点：打破工厂边界

编　　者：德勤中国
出版发行：上海交通大学出版社　　地　　址：上海市番禺路 951 号
邮政编码：200030　　电　　话：021-64071208
印　　制：上海锦佳印刷有限公司　　经　　销：全国新华书店
开　　本：787mm × 1092mm 1/16　　印　　张：5.5
字　　数：132 千字
版　　次：2019 年 3 月第 1 版　　印　　次：2019 年 3 月第 1 次印刷
书　　号：ISBN 978-7-313-20934-4/F
定　　价：80.00 元

前 言

过去一年，中美贸易战的持续升级为全球和中国的经济增长带来极大的不确定性。同时，国内去杠杆进程随着经济增速的下行有所“摇摆”，民营企业在去杠杆过程中下游利润被挤压，从而引发了融资难问题的集中爆发。这些问题仍然继续影响着新一年的中国经济转型。

在挑战中，我们仍然可以看到新旧动能转换的巨大推动力——数字经济对于全行业生产效率的提升。一个明显的例子是制造业投资保持健康的增速，成为 2018 年固定资产投资完成额的主要贡献项。两个因素造就了这个指标的良好表现：新零售对于上游中游制造业和供应链的逆向推动；智能制造对于整体制造业转型升级的带动。

本期的封面文章——《企业如何部署智能赛道》，通过对 150 家大中型工业企业的调研，发现相比 2015 年，智能制造已经从概念和规划进阶到与企业日常生产和经营紧密关联，并显著提高企业财务收益。未来，工业企业智能制造部署重点除了构建数字化工厂、打造智能化产品，将进一步深度应用人工智能，重新定义商业模式。

在消费领域，消费升级更多由快速增长的服务消费所带动，尤其数字化的生活服务成为新零售的重要组成部分。聚合多样服务的综合平台覆盖了消费者几乎 24 小时的生活需求，而从生鲜、饮品外送等垂直切入的服务商更是不断丰富和提升着服务种类和品质，也促成了整个市场多元竞争的格局。

以人工智能、物联网技术为引领的未来出行趋势重塑着传统汽车制造的价值链条，令竞争更加全球化。2018 年汽车销量陡降，而“智慧交通”作为智慧城市整体解决方案的重要组成部分，成为很多汽车制造商积极布局未来出行的切入点。在此背景下，几经沉浮的本土汽车品牌将如何自处？

作为数字经济发展的基础保障，中国 5G 的发展已居世界前列，本辑深入探讨了 5G 的深入应用将进一步放大数字网络效应，创造巨大的经济价值。其他热点话题还包括互联网金融在危机爆发后的发展方向和“独角兽”如何通过卓越管理成为“千里马”。

祝大家开卷愉快！

曾顺福
德勤中国首席执行官

杨 莹
全国市场与国际部主管合伙人

德勤新视界

2019年（总第八辑） 目录

1 **2019年中国经济展望**

中国经济正受到去杠杆和贸易争端的挑战，减税、增强汇率弹性和开放市场，是提振经济的良策。

7 **互联网金融的可为与不可为**

——对话唐宁

随着中国征信体系的真正落地，网贷行业作为传统金融的有效补充，拥有巨大的发展空间。中国未来的金融体系将是百花齐放的多元化体系，不同类型机构间应该有更加明确的客群细分和战略选择。

13 **企业如何部署智能赛道？**

本文结合德勤对150家工业企业的深度调研，发现企业部署智能制造的重点，并探讨全面实施智能制造时企业重构商业模式的关键能力建设。

23 **“后合资时代”的中国汽车自主品牌**

靠“合资”起步的中国自主品牌汽车走到了成熟期的转折点，除了政策的开放，还将面临严格的油耗法规考核，自动驾驶带来的技术变革和产业链话语权重构以及新兴出行模式对传统商业模式的冲击。那么在2022年股比红线正式松绑之前，自主品牌厂商将如何抓住传统和新兴的机会？

35 **数字化生活服务市场生态展望**

数字化生活服务市场在过去十年间经历了飞速增长，整个市场的数字化进程得到快速推进。随着行业逐渐走向规模化和成熟化，大型的生活服务综合平台逐渐确立。巨大的需求潜力和多元的市场需求也使不少垂直类服务提供商以特定需求为入口切入该市场，不断丰富整个市场的服务内容，并快速成为市场中的重要力量，多元竞争格局仍将普遍存在。

47　5G 重塑全行业

全球移动通信行业正在从 4G 向 5G 迭代，更快的传输速度、超低的时延、更低功耗及海量高可靠连接将驱动新应用场景及新业务，创造万物互联的新时代，其庞大的数字网络效应将产生巨大经济价值。5G 将被使用在无人驾驶、物联网、车联网、工业互联网等，催生万亿元人民币商机。

59　AI 来临：重构城市 DNA

AI 能够释放出城市真正具备的价值与潜力，甚至将重新定义城市间的竞争力版图。德勤通过深入解析推动 AI 发展的关键要素，建立了城市 AI DNA 指数，帮助中国城市找出自身的优势或短板，找到适合自身特点的发展路径。

1

23

47

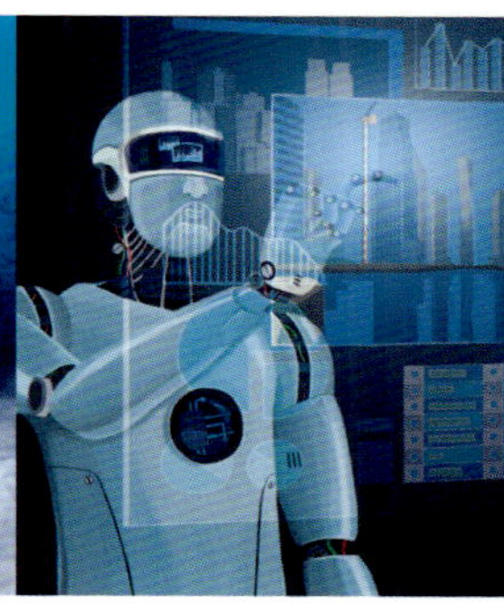

59

71

71　“独角兽”到“千里马”——从优秀到卓越

中国已进入科技发展的大时代，在这一进程中，德勤从企业的视角分析高科技企业如何应对人才管理、运营管理、发展战略与风险管理等四方面挑战，帮助企业从高成长的优秀“独角兽”成长为卓越的“千里马”，实现企业进阶。

中国经济正受到去杠杆和贸易争端的挑战，减税、增强汇率弹性和开放市场，是提振经济的良策。

2019 年
中国经济展望

文 / 许思涛

对于 2019 年的中国经济，市场普遍认为，尽管尚有贸易争端和去杠杆等挑战，GDP 增速仍能达到 6.2%~6.3%。这一判断的理由是，在国内主要城市房地产市场不出现重大调整的情况下，国内消费仍能保持近两位数的增速。如果政府采取适当的财政刺激，则投资能弥补外贸部门贡献下降的局面。我们认同以上判断，但必须认识到，中国经济增速正处于放缓的轨道上，并且要实现过高的经济增长目标免不了带来副作用。

一、中国经济虽有减速迹象但总体平稳

2018 年中国经济走过重重内外挑战，虽出现减速迹象，但总体上表现较为平稳。消费大体稳定，社会消费品零售总额累计增长 9.0%，但股市和楼市的调整使消费出现了升级和降级的分化，汽车销量也由于基数较高和购置税优惠政策的退出而出现了自然的调整（汽车类零售额累计下降 2.4%）。投资方面，受去杠杆抑制基建投资的影响，固定资产投资完成额累计增长 5.9%，是自 2000 年以来的最低值。外贸上，鉴于外需良好和对美抢出口的因素，出口累计增长 9.9%，其中对美出口累计增长 11.3%；而在中国政府扩大进口战略及人民币对大多数货币的汇率坚挺（如欧元、英镑、加元、澳元）的影响下，进口累计增长 15.8%（见图 1 和图 2）。

图1 中国经济增速及三驾马车表现

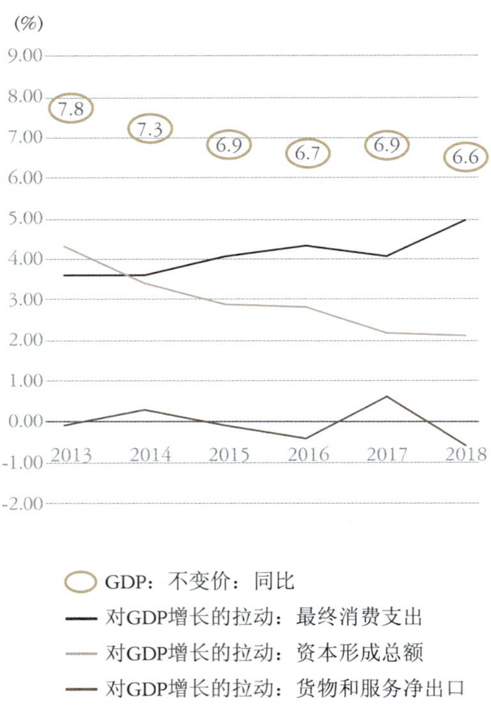

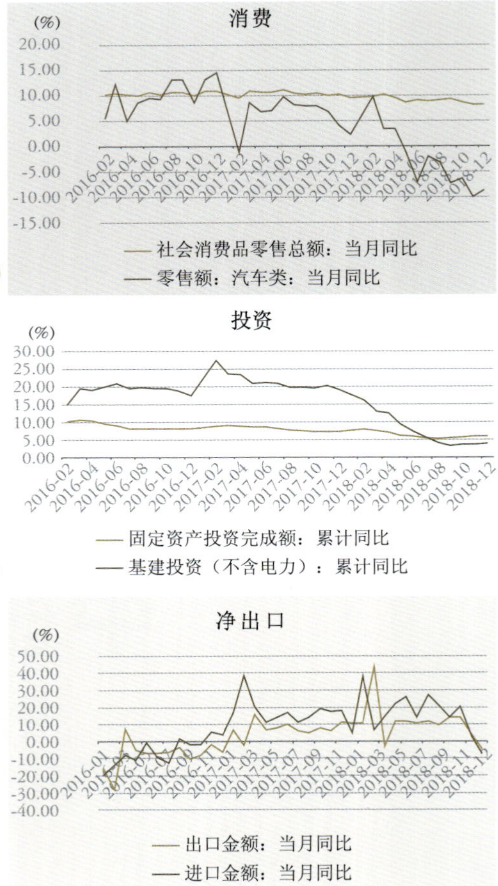

资料来源：Wind。

图2 消费升级与消费降级并存

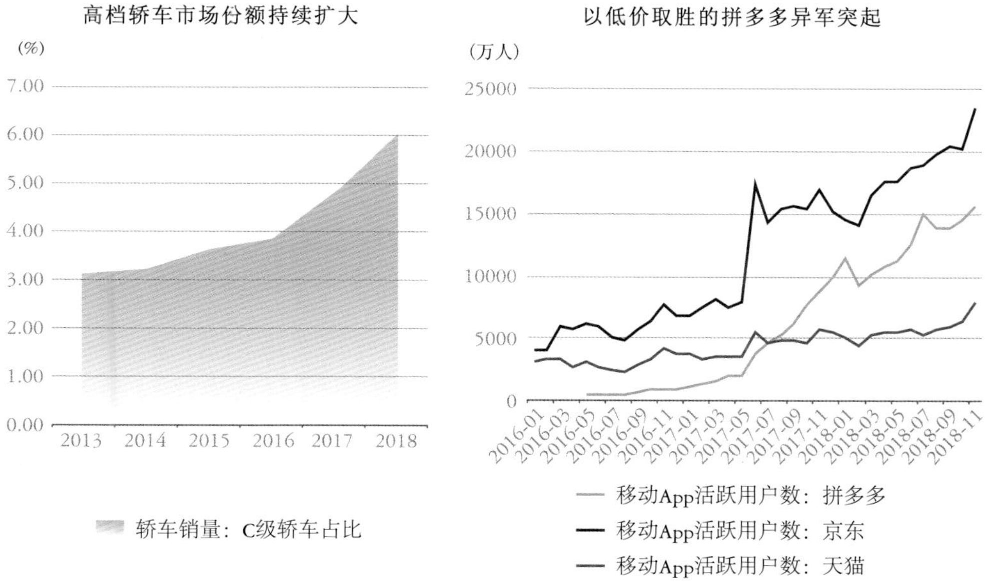

资料来源：Wind。

二、*美国经济正步入复苏周期晚期*

从全球来看，世界经济的主要驱动力美国正显出疲态——减税带来的效应正在递减，短期利率上升将对大企业及个别消费者产生负面影响，如按揭利率将接近 5%，公司债券收益率将升至 4%~5%，这会对长期习惯于低利率的美国企业造成压力。但总体而言，2019 年美国经济不太可能出现明显衰退（德勤美国所预计美国 GDP 在 2019 年增长 2.5%），美联储的货币政策也正处于回到正常化轨道的过程中，受股市干扰较小（见图 3）。

图3 美国货币环境

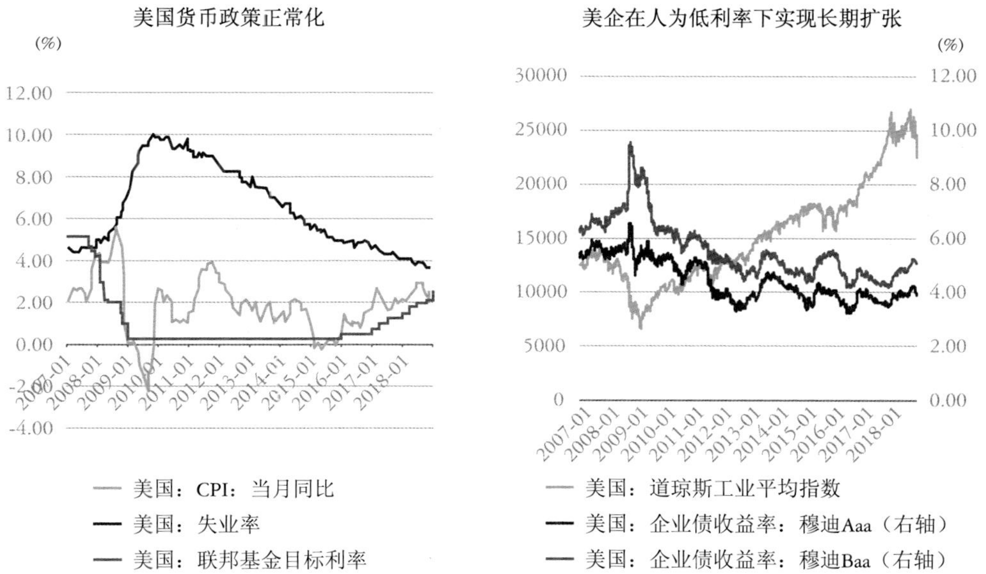

资料来源：Wind。

在欧洲的主要经济体中，我们对德国和法国的经济展望较为乐观。意大利在公共债务方面与欧盟的博弈会给资本市场带来冲击，但尚不至于出现系统性危机，目前意大利与德国的十年期国债利差已从 2018 年的最高点 3.25% 收窄至 2.5% 左右。不过当前，特别是在法国爆发“黄背心”骚乱的当口，真正的风险集中在欧洲一体化的放缓以及主要国家中右党派执政地位的衰弱。

三、中美贸易关系是最大的外部风险

中美贸易关系将是 2019 年影响中国经济最大的外部风险。根据 2018 年 12 月 1 日美国白宫发布的关于美中工作晚宴的声明，“中国购买数量非常可观的美国产品”实现起来相对容易，近期的中国进口美国农产品的行动也印证了这一点。

在市场改革方面，美国要求中国在强制技术转让、知识财产保护、非关税壁垒、网络入侵和网络盗窃、服务以及农业方面做出结构性改变。积极影响是，这让中国正视这些问题，有利于国内改革；但是改革的落实程度仍需拭目以待，并且很难一步到位。此外，美方提出的要求易使中国增加对“美国要抑制中国发展”的猜疑，进而增加地缘政治风险，如中国可能在国际组织方面另起炉灶，或增加军费开支，而美国也会相应增加军费。

因此，我们对中美谈判在 90 天缓冲期中实现大的突破不为乐观，但是 2018 年底以来美股市场的强烈震荡或使特朗普希望寻求能与中国达成某些协议以缓解压力。

四、2019 年的经济判断与政策建议

对于 2019 年的中国经济，我们预计增速会放缓至 6.2%。在国内主要城市的房地产市场不出现重大调整的情况下，居民消费仍旧具有韧性，政府可以采取适当的财政刺激（而非 2008 年那样“大水漫灌”式的强刺激）来弥补外贸部门贡献下降的局面。由于货物贸易顺差大概率收窄、服务贸易逆差扩大，中国在 2019 年可能出现经常账户赤字。考虑到经济下行风险以及实现过高的经济增长目标免不了带来副作用，我们认为中国应下调经济增长的中长期目标。

图4 楼市有望松绑以应对低迷态势

资料来源：Wind。

除此之外，中国政府面对经济下行时还可采取的政策组合如下。

（一）财政上推出更大规模的减税措施

在财政方面，对消费者和企业进行实质性的减税，是最能带来直接改观的政策，不仅可以缓解特朗普税改的冲击，而且有利于改善国内营商环境。考虑到 2018 年股市对央行的货币宽松反应平淡，推出减税这样的改革红利亦能提振当前的股市信心。在 2018 年中央经济工作会议上，国家领导层提出要实施更大规模的减税降费，对此我们拭目以待。

退一步说，如果政策制定者确实认为必须依靠财政刺激来缓冲外部冲击，那么重点应放在涉及民生的支出上（如医疗、教育和低收入者住房等），而非大力推动基础建设。

（二）增强汇率弹性，为国内货币政策换取空间

如果美联储继续收紧货币，而中国在经济下行风险下需要相对宽松的货币政策，这将使人民币汇率承压。另外，原油价格近期由于中东地缘政治变局而急剧下跌（较 2018 年最高点下降约 30%），较为温和的通胀前景会给中国更多施政空间——引导人民币汇率在 2019 年稍贬，以放松货币政策。我们预计 2019 年人民币对美元的贬值压力依旧存在。央行在短期内缺乏降息空间，但降准仍有空间。

（三）在开放国内市场方面推出显著举措

中国改善市场准入，不仅有利于推进中美贸易谈判，在客观上也符合改革议程。事实上，不仅美国，其他国家如德国，都要求中国实现市场准入对等，体现了西方对中国市场“公平性”的诉求。从行业角度来看，要继续加快开放那些市场前景良好的行业，而钢铁、造船等产能过剩领域则对外资吸引力不大。扩大开放要考虑到市场环境的改变，如在金融行业中，金融科技的发展使得商业银行近些年来对外资的吸引力降低，而像医疗等服务业的开放需求则越发迫切。另外从实操层面看，在出台开放的大框架后，外资更翘首以待具体的时间表和实施细则能落地。

总之，鉴于 2019 年颇具挑战的外部条件，中国最好的政策组合显然是降低 GDP 增长目标，同时应扩大减税规模、增强汇率弹性、提升开放水平以提振经济。

许思涛 | 德勤中国首席经济学家 合伙人　　　sxu@deloitte.com.cn

Jul
Aug

随着中国征信体系的真正落地，网贷行业作为传统金融的有效补充，拥有巨大的发展空间。中国未来的金融体系将是百花齐放的多元化体系，不同类型机构间应该有更加明确的客群细分和战略选择。

互联网金融的可为与不可为

——对话唐宁

文/ 许思涛　周 菲

“互联网金融”在2014年政府工作报告中被首次提及，已经连续五年被写入政府工作报告。2018年3月5日，李克强总理在做政府工作报告时，提出要健全互联网金融监管。

网贷即网络借贷（peer to peer, P2P），是金融体系多样化发展的客观需求。金融科技的应用，帮助网贷机构降低了数据采集和数据标准化的成本，可便捷、高效地进行信用风险评估，促成了中国网贷平台的爆发式增长。作为直接融资渠道，网贷行业部分满足了个人消费、小微企业甚至农户经营性贷款需求，也在一定程度上丰富了大众理财选择，具有广阔的发展前景。

2018年6月开始，网贷平台集中“爆雷”，资金净流入持续为负，行业颓势明显。监管政策正在引导网贷行业净化和逐步规范，行业正在经历调整和重塑。中国网贷行业正处于建章立制调整期，风险合规能力完备的平台与有较强风险识别能力的合格投资者们将推动行业走向成熟。

唐宁先生是中国互联网金融行业的开创者和引领者，在普惠金融、财富管理和金融科技领域都有着丰富而深刻的实践经验，其于2006年创立的宜信公司已成为业内标杆企业。唐宁先生与我们分享了他的洞见。

行业发展

*问题 1：*2018 年 6~8 月，P2P 平台问题集中爆发，问题平台累计 4800 多家，您认为这一轮风险集中爆发的根本原因有哪些？

回答：原因是多元的。首先是违法违规。科技是一个工具，它是中性的，好的机构和好的团队可以利用科技做好事；而坏人是利用科技做坏事，所以从道德风险的角度来讲，存在大量利用科技做坏事的机构。

其次，一些自媒体发布了一些非常不专业的文章，起到了推波助澜的负面作用，比如讲到行业服务水平恶化、贷款余额不高、问题平台总量吓人等，是这一轮平台“爆雷”和舆情爆发的重要原因。

那么为什么在这个时间爆发？主要是经济下行背景下，小微企业、个人农户日子比较难过，这也反映了网贷与传统金融机构的服务人群的错位。在非常时期，有的机构服务不好的风险显现出来，加上自媒体把这种状况放大，出现阶段性恐慌，继而造成进一步恶化——既有投资人退出，新的投资人观望，债务人恶意逃废债或以团伙方式把平台搞出问题，侥幸能不还钱就不还，跑路消失了。

与此同时，中央和地方的监管工作也在与时俱进地开展，既有中央监管部门的统一政策，也有地方监管部门的因地施策。非常时期，非常之策，行业调整也是顺应情势。

*问题 2：*与领先的头部平台相比，“爆雷”的问题平台差距在哪里？主要表现为哪些问题或风险？

回答：主要包括意愿和能力两个方面。

一方面是道德风险，坏人用科技做坏事。比如一些平台就是开在山沟里的“银行”门脸，非常不正规，相当一部分是欺诈。像 2015 年底 e 租宝爆出问题，他们自己都不叫自己是 P2P 而是 A2P（asset to peer），那个时候正好是宜人贷在美国上市。那时行业处于早期发展阶段，存在一些认知误区和模糊界定，很多欺诈平台都一概归为了网贷，而其实不是 P2P。

另一方面是平台自身的能力问题。就算平台是合规的，那么它的风控能力是否到位？这就好像饭店有卫生许可证，能开门营业，但是饭不好吃。因此，经济下行时期，信用风险加大、经验积累不够、团队水平不够，人们把经营 P2P 平台的难度想得太简单，从而诱发了一系列问题。

*问题 3：*大型商业银行不以做小微为目标，主要因为小微信贷成本较高，而服务费和收益较低，可能难以覆盖成本。如果银行做小微，是否会对网贷平台造成挤压？

回答：健康有序、持续发展的金融体系一定是百花齐放、多元的金融体系，不是仅靠几家银行打天下。现在一些观点认为中小微做不好、农户做不好一定是银行的问题，其实不一定。因为术业有专攻，金融的范畴很广，其中有各个不同的细分领域，如风险识别、行为分析、获客、服务和风控逻辑等。

因此，金融领域也要谈客户细分和策略选择，银行不可能覆盖全部客户，管理经营不同客群的逻辑很不一样。比如，针对大机构和小机构的服务逻辑完全不同，对于小机构除了贷款，还需要帮助他们进行企业能力建设，更好地获客和经营。现在金融科技做“三农”也在不断强调线上线下相结合，不可能全部线上。未来金融体系只有百花齐放、各有特色，才能更好地服务实体经济。

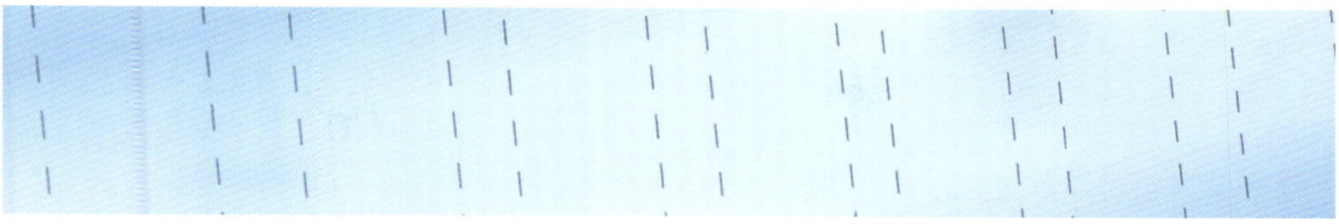

合规挑战

问题 4：网贷合规自查行动已经开始，包括 P2P 网贷风险专项整治工作领导小组下发的 108 条合规检查问题清单，以及互联网金融协会下发的 119 条机构自查自纠问题清单。您认为行业合规的主要难点或挑战在哪里？从 P2P 公司管理的角度，您认为此轮行业调整期要经历多久（行业颓势转为增长）？

回答：就网贷监管而言，人民银行负责系统性风险和金融风险，银保监会负责行业建规立制，地方监管（地方金融局、金融办）主要负责监管网贷机构。

这一轮的合规检查包括“三查”，即机构自查、行业协会的自律检查、监管机构的行政检查。“三查”工作于 2018 年底结束，地方、协会和中央监管都已经制定了相应时间表。2019 年的“三查”工作还会有新的进展，我们应该持续关注监管要求。

总之，未来发展非常动态，变化层出不穷，我们对未来长期趋势应抱有信心。展望十年以后，行业会健康成熟发展，因此当下调整期面临的一系列风险和问题，应该下更大功夫去解决。

投资者教育

问题 5：中国人民银行参事室主任纪敏最近谈道：“直接投资 P2P 资产，应该有更高的合格投资人要求。”对此您怎么看？

回答：金融的门槛是很高的，未来发展较好的机构是那些消费者教育沟通做得好的，我们国家的从业者却往往把相关门槛考虑得过低。在买者自负、卖者有责的财富管理市场，投资者教育和投资者保护极为重要，机构有责任进行投资普及教育，使投资者了解服务内容，懂得投资适当性。

一定的资质是需要的，如对投资门槛的额度限制、投资比例要求（网贷投资占整体投资的比例）、投资分散程度是否充分、投资经历要求（投资年限）等，要从多个不同的维度警示投资者，应充分适当地理解投资风险。

国际化发展

问题 6：发展中国家和发达国家的网贷平台都在吸纳资本加快发展，如宜信投资、英国 Funding Circle IPO 计划等。全球来看，您认为中国网贷行业发展水平如何？与领先实践相比有哪些差距？造成这些情况的原因有哪些？

回答：不同国家的网贷行业相比较，并非苹果对苹果。欧美的整个金融体系更加发达，中国 FinTech 全球领先。在发达国家，金融科技是锦上添花，而发展中国家的金融覆盖度仍不到位，饥渴度更高，有大量未被满足的金融需求。所以，发展中国家的金融科技更是“雪中送炭”，网贷发展速度会相对比较快。

美国第一家上市网贷平台 LendingClub 的创始人 Renaud Laplanche 在 2017 年又创立了一家网贷公司 Upgrade，最近完成了 C 轮融资；英国最大的网贷平台 Funding Circle 最近在伦敦上市，市值约 20 亿美元，成为英国网贷第一个 IPO。Upgrade 和 Funding Circle

这两家优秀的金融科技机构也都是宜信新金融产业投资基金的被投企业。

英美两国征信体系相对健全，依然需要网贷行业作为传统金融行业的有效补充。未来随着中国征信体系的真正落地，借款人恶意逃废债、“多头负债”等问题将会得到很好的解决，中国网贷行业未来依然拥有巨大的发展空间。

*问题 7：*作为国内 P2P 头部平台，也是美国上市公司，宜信未来几年在海外发展方面有什么计划吗？

回答：把宜信的业务区分一下，包括网贷、金融科技投资和财富管理。

网贷业务重点在人才国际化和资本国际化。我们很多同事来自硅谷、华尔街，具有国际化视野和金融经验，很多是过去所就职机构中高阶资深的华人。宜信的网贷平台宜人贷在美国上市，也是为了对接国际最高标准。

金融科技投资业务主要是宜信新金融产业投资基金输出投资，Funding Circle 和 Upgrade 等企业的投资都是金融科技领域的投资举措。

财富管理业务为投资者提供国际化的产品和服务。客户方面，当前面对的中国境内客户大多有海外资产和生活经历，因此他们需要海外投资进行资产配置。在过去五年，宜信帮助客户进行海外资产配置的范围不断扩大，从 2013 年香港、2014 年新加坡到之后的以色列、硅谷、旧金山等，我们主要解决产品线相关的问题。

下一个五年，宜信财富将走出中国，开设专门的海外财富管理部门，进入海外华人聚居的市场，如温哥华、旧金山、波士顿和纽约等， 服务当地的高净值华人，为他们提供高质量的财富管理服务。

穿越牛熊

*问题 8：*作为头部平台，您对宜信未来的战略方向和重点是怎样考虑的？随着国内 P2P 问题平台出清，宜信未来几年有并购计划吗？

回答：一方面是宜信自身的发展。从 2006 年创办到现在，经过 12 年的发展，网贷是宜信业务的一部分，最近绝大部分精力在这里，有很多情感因素。网贷是重要业务，也承担着行业责任，作为自律组织负责岗位，要为行业发声。

另一方面，宜信也要引领行业，继续做头部标杆。宜人贷已跟银行合作开展资金存管，从这个角度讲，我们的平台自律早于监管要求。未来我们要继续拥抱监管，持续在合规方面做行业模范。

在能力建设方面，风控能力、科技运用能力要持续夯实；获客渠道要更加多元化，资金获取方式也要多元化。比如我们与高盛、PICC 和新网银行开展合作，使用自主 App，百度合作获客。

在并购计划方面，我们对于资产质量好、企业文化匹配的机构是比较开放的，但是要关注显性和隐性风险。2020 年整体上市是我们目前的一个小目标。

*问题 9：*关于未来的资产配置，您有哪些建议吗？

回答：宜信最近获得了中国最佳财富管理机构奖项，我们认为，穿越牛熊，在不确定环境中获取确定性，有几个重要考量。

第一，全球资产配置。不仅是房产和固收，还要有中长期投资，包括创投、私募股权、房地产基金投资等。

第二，长期投资母基金是关键词。穿越牛熊，有价值的资产组合值得拥有20年、30年。作为资本市场的正确打开方式，我们认为母基金是面向个人高净值、中产最适合的长期投资方式。

投资是反人性的，但是也遵循基本逻辑，讲究科学性一致性。光鲜数字背后，要看它的独特性在哪里？比如用了什么样的管理方式、策略打法、管理动作可以让优势在未来十年仍旧持续。

唐宁 宜信公司创始人、CEO

唐宁早年就读于北京大学数学系，后赴美攻读经济学，曾任职美国华尔街DLJ投资银行，从事金融、电信、媒体及高科技类企业的上市、发债和并购业务。

唐宁于2006年在北京创立宜信公司，经过12年的创业，宜信已成为具有国际领先地位的金融科技企业，推动了中国普惠金融和财富管理事业的发展。2015年12月18日，宜信旗下宜人贷（NYSE:YRD）在美国纽约证券交易所成功上市，成为中国第一家上市的互联网金融企业。

宜信旗下的财富管理业务于2018年被《亚洲货币》杂志授予“年度最佳财富管理机构”“最佳FOF财富管理机构”大奖，并被《亚洲银行家》杂志于2017年授予“中国最佳非银行私人财富机构”，于2016年授予“最佳非银行私人财富产品”大奖。

唐宁担任北京市互联网金融行业协会会长、中国证券投资基金业协会母基金专业委员会委员、英国牛津大学赛德商学院全球领导力委员会委员、上海新金融研究院理事。2012年唐宁当选为“北京市创先争优优秀党员”，2018年被授予“北京市社会领域优秀共产党员”荣誉称号。宜信也同时担任中国互联网金融协会常务理事单位、中国小额贷款公司协会副会长单位。

许思涛 | 德勤中国首席经济学家 合伙人 sxu@deloitte.com.cn
周　菲 | 德勤研究金融服务行业研究员 annizhou@deloitte.com.cn

COFFEE
24
MARKET

本文结合德勤对150家工业企业的深度调研，发现企业部署智能制造的重点，并探讨全面实施智能制造时企业重构商业模式的关键能力建设。

企业如何部署智能赛道?

文/ 董伟龙　屈倩如

全球制造业正受到自动化、智能化大潮的冲击。中国作为制造业大国也在积极寻求突破。中国政府已明确将智能制造作为主攻方向，但全面实施智能制造不仅涉及工厂内部流程的改造，也意味着工厂外部生态的变革。毫无疑问，改变已经发生，中国工业企业如何部署智能制造并准备迎接变革？

一、五大部署重点

德勤对 150 家工业企业进行调查后发现，受访企业智能制造五大部署重点依次为：数字化工厂（63%）、设备及用户价值深度挖掘（62%）、工业物联网（48%）、重构商业模式（36%）以及人工智能（21%）（见图 1）。

图1 受访企业智能制造部署重点领域

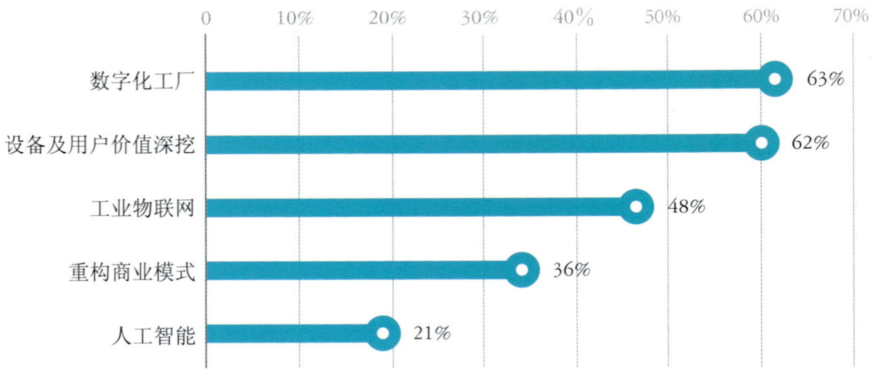

资料来源：德勤智能制造企业调研 2018。

（一）数字化工厂

智能制造是以制造环节的智能化为核心，因此数字化工厂被企业列为智能制造部署的首要任务。数字化工厂以端到端数据流为基础，企业打通数据流主要包括三类数据的连通，即生产流程数据、产品数据流以及供应链数据流。

- 生产流程数据：打通生产流程数据除了从生产计划到执行的数据流(如 ERP 到 MES)，还包括 MES 与控制设备和监视设备之间的数据流，现场设备与控制设备之间的数据流，以及 MES 与现场设备之间的数据流等。
- 产品数据流：打通产品数据流主要体现在产品全生命周期数字一体化和产品全生命周期可追溯。
- 供应链数据流：打通供应链数据流主要体现在供应链上下游协同优化，实现制造服务和资源的动态分析和柔性配置。

目前企业数字化工厂部署以打通生产到执行的数据流为主要任务，而产品数据流和供应链数据流提升空间较大。仅有 47% 的企业打通了产品数据流，44% 的企业打通了供应链数据流（见图 2）。而且考虑到我们调查的企业均为资质较好且中等以上规模，这一系列比率显然高于中国整体平均水平。

图2 受访企业数据连通情况

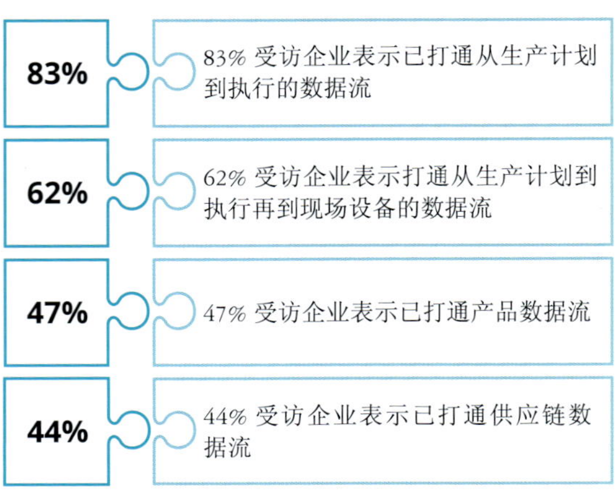

资料来源：德勤智能制造企业调研 2018。

（二）设备及用户价值深度挖掘

制造型企业面临日益激烈的市场竞争和透明的产品定价，不得不寻找新的价值来源。我们调研发现设备及用户价值深度挖掘是企业智能制造部署的第二重点领域。62% 的受访企业正积极部署设备及用户价值深度挖掘，其中 41% 的企业侧重设备价值挖掘，21% 的企业侧重用户价值挖掘。

围绕设备进行价值挖掘可以说是制造企业的天性。在研发设计阶段嵌入新技术，生产更智能或更多样化的产品；在销售阶段提供设备相关金融服务；在售后阶段对出厂设备和产品进行实时数据采集和监控，并进行性能分析、预测性维护等，既可以提升安全性，也可以为企业创造更多服务机会。

虽然起步较晚，但制造型企业也在探索和尝试对用户价值进行深度挖掘，其中以 C2M (customer-to-manufactory，客户到制造) 最受瞩目。C2M 体现按需生产及定制化生产的特性，使制造商直接面对用户，以满足用户个性化需求。同时通过减少中间环节降低成本、提升效率。

（三）工业物联网

智能制造要求制造系统具备感知、分析、决策和执行的能力，而这些能力的核心均涉及物联网相关技术，如面向感知的物联技术（传感器、RFID、芯片），面向分析的工业大数据分析和面向决策及服务的应用平台。受访企业普遍搭建了感知系统以传感器采集动态数据，但数据分析和平台应用相对滞后（见图 3）。

图3 受访企业典型物联网相关技术应用情况

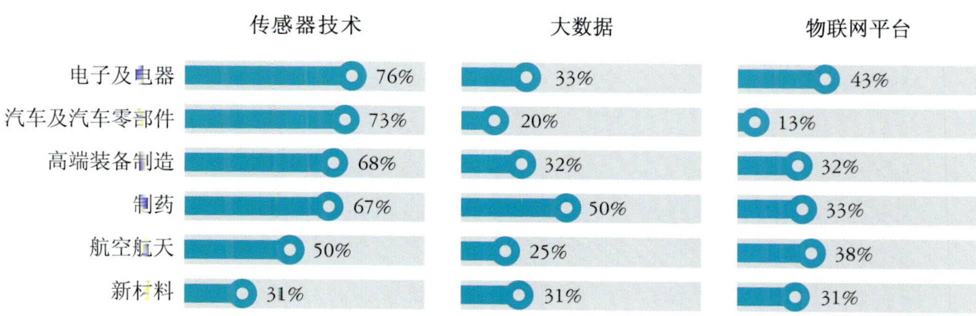

资料来源：德勤智能制造企业调研 2018。

感知仅是物联网应用的初级阶段，以数据洞察指导行动，从而提高效率，或者与服务交融创造新价值，才是物联网的核心。云平台通过提供强大的数据传输、存储和处理能力，帮助制造企业采集和处理大量数据，并在此基础之上发现和形成新的业务模式。然而德勤调研结果显示受访企业云部署的积极性并不高。53% 的受访制造企业尚未部署工业云，47% 的企业正在或计划进行工业云部署，其中 27% 的企业部署私有云，14% 部署公有云，6% 部署混合云（见图 4）。上云可以大幅降低每个单元的

图4 受访生产型企业工业云部署

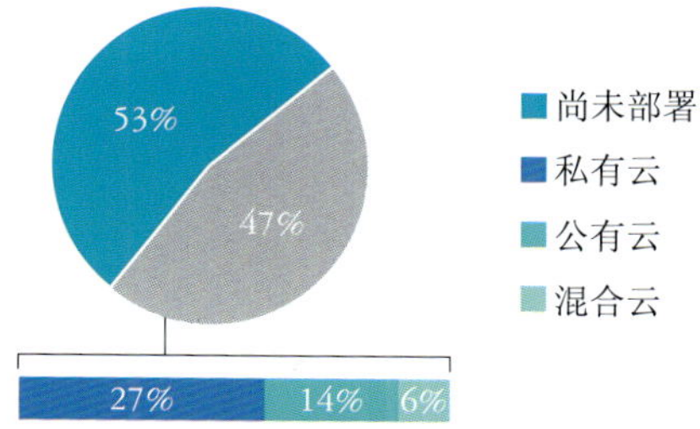

资料来源：德勤智能制造企业调研 2018。

储存和计算成本，甚至通过跨界创造新的商业模式，但也带来了复杂性。企业担心一旦将诸如工厂生产过程、资产性能管理的数据放到云平台上之后，信息安全、知识产权问题会接踵而至。除此之外，很多企业尚未明确工业云在企业层面的商业应用和相关能力欠缺也是导致企业云部署积极性不高的原因。

（四）重构商业模式

智能制造不仅能够帮助制造型企业实现降本增效，也赋予企业重新思考价值定位和重构商业模式的契机。同时，新进入者也在不断挑战传统市场参与者的地位，众多技术型企业加入战场推动工业企业探索商业模式上的创新。

图5 受访企业未来商业模式定位

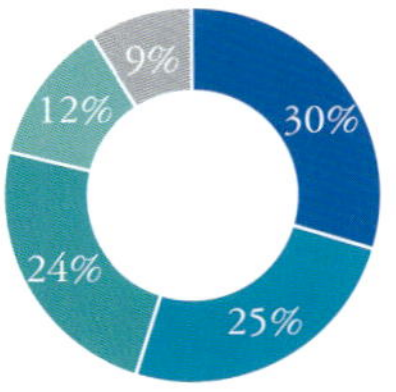

资料来源：德勤智能制造企业调研 2018。

德勤调研发现企业对未来商业模式的规划大致有四类：30% 的受访企业未来商业模式将以平台为核心，25% 的企业采用规模化定制模式，24% 以“产品 + 服务”为核心向解决方案商转型，12% 以知识产权为核心（见图 5）。

> 平台型商业模式定位以提供多种软件服务和搭建生态系统为核心，未来可能不会出现类似 BAT 这样的行业巨头，但不乏垂直行业领军企业或平台。规模化定制模式，如 C2M 已经不局限于服装制造，而延伸到汽车和装备制造等行业。“产品 + 服务”为核心旨在围绕客户需求提供解决方案，是目前很多企业在做的。以知识产权为核心的企业往往通过专利战略，形成技术壁垒占领市场。

表 1 不同商业模式的特点及挑战

商业模式定位	特点及趋势	挑战
平台型	• 多种软件服务 + 生态系统 • 竞争力体现在平台上的软件服务能力，而非平台本身 • 大部分企业会选择扩展性更强的公有云平台搭建基础设施 • 未来不会出现类似 BAT 的巨头，而是垂直行业的领军企业或平台 • 典型企业：GE Predix、三一重工树根互联	• 工业企业更擅长实物产品创新而非软件服务创新 • 软件平台需要支持多种软件服务方案，包括那些尚未开发的服务 • 数据所有权问题 • 可能需要进行一系列软件企业的收购 • 平台业务搭建培育期较长，领导层、股东能否接受较长回报期的压力 • 平台业务很难与现有业务竞争人力资源和财务资源，企业可能需要重组业务单元 P&L，改变会计实务

（续表）

商业模式定位	特点及趋势	挑战
规模化定制	• 直接面向用户、多维交叉分析、了解用户行为、建立数据模型 • 多采用模块化设计方法 • 数据链条贯通用户、制造商和供应商 • 业务流程符合柔性制造特点 • 很多行业都可能走向规模化定制，如服装、消费电子、汽车、装备制造 • 典型企业：红领集团、海尔、长安汽车	• 客户交互、数据仓库、数据分析等技术投入预算将大幅增加 • 为应对个性化定制生产，供应链也需要数字化转型 • 生产环节复杂程度提高，必须保持成本水平和成本结构可控
“产品＋服务”为核心	• 提供由产品和服务两大模块组成的整体解决方案 • 服务是产品战略的重要组成部分和利润来源 • 服务创新与产品创新双轨进行 • 典型企业：罗罗、徐工	• 从围绕现有产品提升客户体验到围绕客户需求提供解决方案 • 系统集成能力有待提高 • 创新投入大幅增加而收益却不尽如人意 • 收入模式改变
知识产权为核心	• 企业往往通过专利战略，形成技术壁垒占领市场 • 收入来源：①专利授权许可收费；②专利、产品和解决方案组合；③技术转让 • 技术许可常与标准化战略相结合 • 典型企业：高通、华为、朗科	• 技术研发投入大 • 技术成果产业化时间的不确定性 • 专利授权之前主要收入来源的不确定性 • 投入大量资源进行专利维权

资料来源：德勤分析。

（五）人工智能

人工智能对制造业的影响主要来自两方面：一是在制造和管理流程中运用人工智能提高产品质量和生产效率；二是对现有产品与服务的彻底颠覆。

随着国内制造业自动化程度的提高，机器人在制造过程和管理流程中的应用日益广泛，人工智能更进一步赋予机器人自我学习的能力。结合数据管理，导入自动化设备及相关设备的联网，机器人通过机器学习，可以实现生产线的精准配合，并更准确地预测和实时检测生产问题。人工智能在制造业产品和服务领域的应用则更具有颠覆性。产品本身就是人工智能的载体，硬件与各类软件结合具备感知、判断的能力并实时与用户、环境互动。人工智能甚至可能颠覆原有的生态系统。以汽车产业为例，传统汽车行业的竞争格局是金字塔形——整车厂处于顶端，各级别供应商跟随其后。但是在智能汽车时代，整车厂的主导地位将受到严峻的挑战，零部件厂商、互联网巨头、算法公司、芯片制造商、传感器供应商等企业无不加快对无人驾驶技术的研发和商业化步伐，并期望通过占据技术制高点打破汽车产业的生态平衡[1]。

然而，相较于金融、商业、医疗等行业，人工智能在制造业领域的应用潜力尚未被充分挖掘。生产设备产生的大量可靠、稳定、持续更新的数据尚未被充分利用，这些数据可以为人工智能公司提供优质的机器学习样本，解决制造过程中的实际问题。德勤调研发现，对于尚未部署人工智能的制造企业来说，缺乏投资人工智能的商业论证、尚不具备建立和支持人工智能的系统能力、尚不明确部署人工智能的前提为主要挑战（见图6）。

图6 受访企业尚未部署人工智能的主要原因

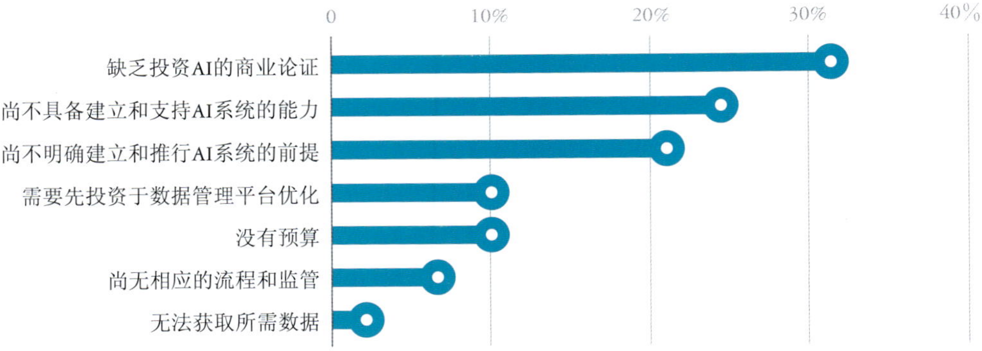

资料来源：德勤智能制造企业调研 2018。

二、*成长的烦恼*

（一）快速成长

中国智能制造的成长主要体现在三方面。第一，基础设施方面，中国工业企业数字化能力素质提升，为未来制造系统的分析预测和自适应奠定了基础。第二，财务效益方面，智能制造对企业的利润贡献率明显提升。第三，典型应用方面，中国已成为工业机器人第一消费大国，需求增长强劲。

1. 数字化能力提升

随着中国两化融合、“中国制造 2025”和工业物联网建设多项举措的推进，制造型企业数字化能力素质显著提升，大部分企业正致力于数据纵向集成。德勤的调研结果显示，81% 的受访企业已完成计算机化，其中 41% 处于连接阶段，28% 处于可视阶段，9% 处于透明阶段，而预测和自适应阶段的企业均占 2%（见图 7）。

图7 受访企业工业4.0所处阶段（基于企业自我评估）

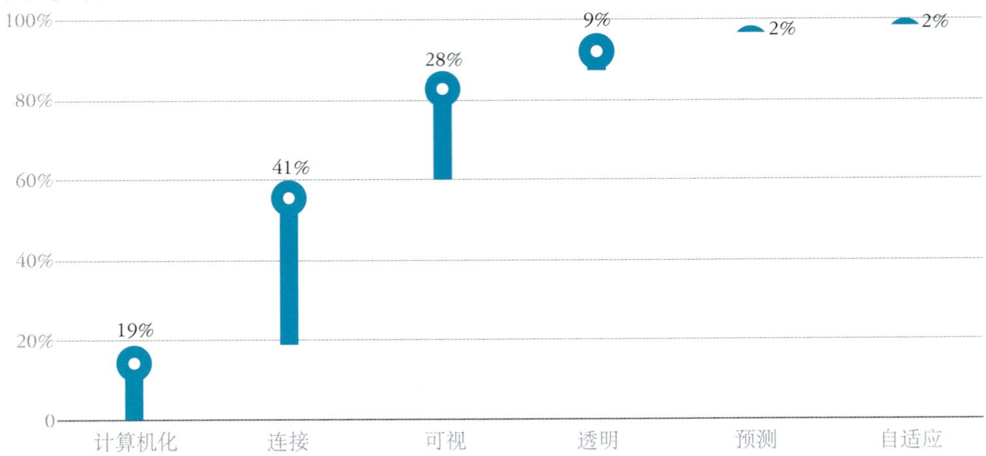

资料来源：德勤智能制造企业调研 2018。

2. 智能制造利润贡献显著提升

2013 年德勤曾调研全国 200 家制造型企业，结果显示中国企业智能制造处在初级阶段，且利润微薄。经过五年的快速发展，智能制造产品和服务的盈利能力显著提升。如智能制造利润贡献率超过 50% 的企业占比，由 2013 年的 14% 提升到 2017 年的 33%（见图 8）。智能制造利润贡献率明显提升，利润来源包括生产过程中效率的提升和产品服务价值的提升。

图8 智能制造产品和服务利润贡献率显著提升

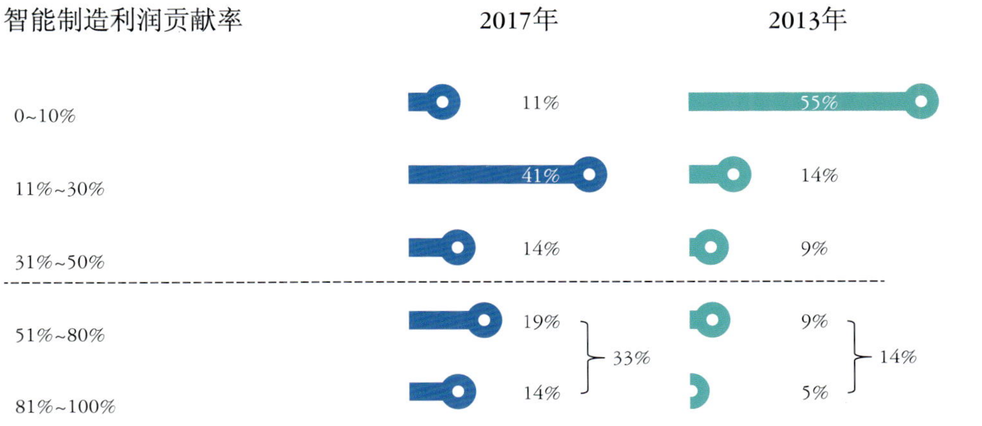

资料来源：德勤智能制造企业调研 2018。

3. 应用市场潜力

中国已连续六年为工业机器人第一消费大国。IFR 数据显示，中国工业机器人市场规模在 2017 年为 42 亿美元，全球占比 27%，2020 年将扩大到 59 亿美元。2018-2020 年国内机器人销量将分别为 16 万台、19.5 万台、23.8 万台，CAGR 将达到 22%（见图 9）。汽车、高端装备制造和电子电器行业依然为工业机器人的主要用户。

图9 全球主要市场工业机器人销量（单位：台）

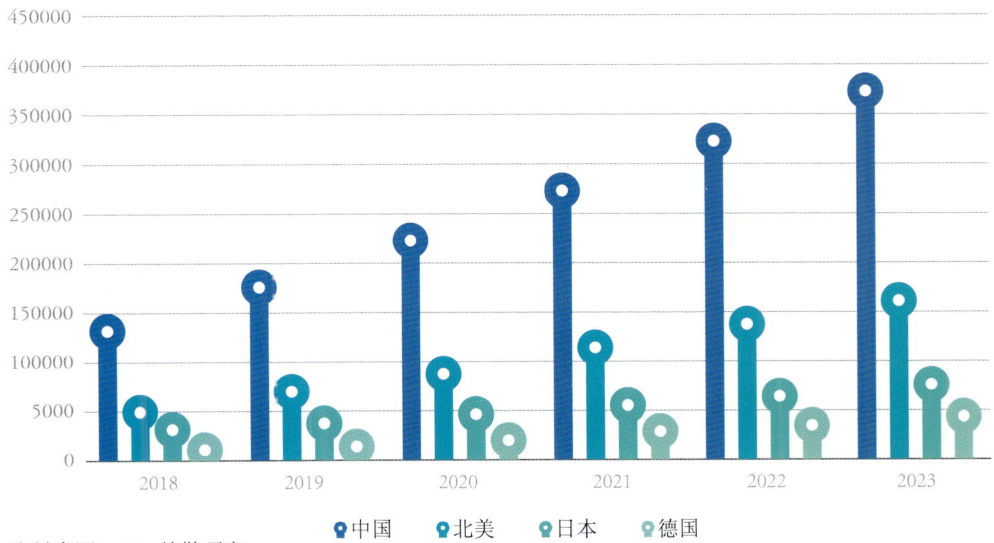

资料来源：IFR, 德勤研究。

中国有哪些独特优势？首先是数据量。当前人工智能热潮背后的机器学习技术对数据极其依赖。识别人脸、翻译语言和试验无人驾驶汽车需要大量的“训练数据”。由于中国的人口数量和设备数量庞大，中国企业在获取数据方面具有天然的优势。其次，中国制造企业硬件设备和厂房相对欧美企业普遍较新，比较容易实现设备连接和厂房改造。

（二）能力鸿沟

尽管中国智能制造发展迅速，但全面实施智能制造势必改变制造企业传统的商业模式。重构商业模式是一项复杂而艰巨的任务，我们请企业对实现构想中的商业模式所面临的能力鸿沟进行打分，综合来看，商业模式优化、创新管理以及云部署为企业能力建设三大关键任务，德勤建议分别从以下几个方面入手提升能力（见图 10）。

图10 受访企业亟待提高的能力（企业自我评估权重打分，分值越高能力越弱）

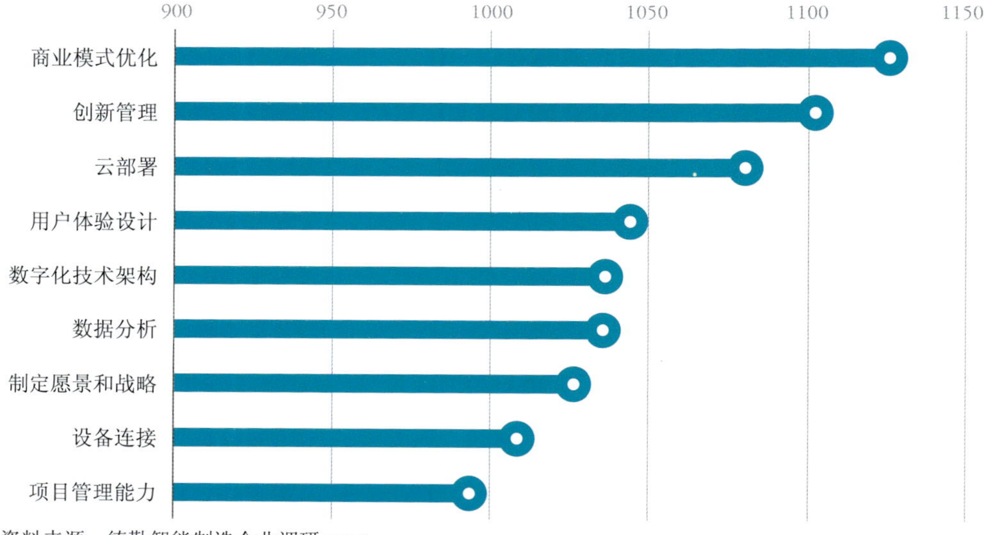

资料来源：德勤智能制造企业调研 2018。

1. 商业模式优化

优化商业模式可能仅需要改变或改进目前模式中的部分元素，也可能涉及整体运营模式的重大转型。 在过去的 15 年里，由于技术、通信、物流和交通等方面的迅速进步，整体运营模式的重大转型已更为常见。企业需要运用行之有效的方法和工具，从以下工作流程各环节入手优化商业模式。

- 企业转型整编：优化现有商业模式，包括从原材料采购到产品销售过程所涉及的一切环节，挖掘可以整体改动或局部改进的待优化环节，以支持新的商业模式。
- 重新配置信息技术系统：企业需要探索、设计及实施基础设施及信息技术系统的改进。
- 重新调配人员：人尽其用是企业转型可持续性的关键之一。重新调配人员侧重于设计和实施人员调度，以支持新商业模式，并实现从原有模式到新模式的顺利过渡。该环节还包括制定新的关键绩效指标及汇报关系以支持新商业模式。
- 重组法律、财务及税务架构：商业模式优化方案的设计和实施通常涉及许多复杂的法律实体及税务架构上的改变。企业管理团队需要分析不同方式的利与弊。如新商业模式下所得税和转让定价事项有何变化，增值税和关税对新商业模式可能产生的影响等。

2. 创新管理

创新管理的目标包括优化创新产品管理、优化生命周期成本、优化资本使用效率和优化风险管理。

- 优化创新产品管理：建立统一的产品管理体系（包括有形的产品和服务），优化决策流程，提高决策效率。
- 优化生命周期成本：通过产品生命周期的最优化运作，优化产品投资成本和运营成本。
- 优化资本使用效率：通过监控、评估和 KPI 管理，优化产品管理，提升资本使用效率。
- 优化风险管理：有效管理创新过程中的市场风险和数据安全风险等诸多风险。

值得注意的是，单纯的产品创新管理并不能令企业长久保持竞争优势。如今，几乎所有产品类别都处于激烈的竞争之中，任何新产品的任何独特优势都会被快速吞噬。组合多种创新类型可以帮助公司拥有更好的财务回报。虽然不能把这些公司的绩效全部归功于创新，但创新有助于提升一家公司的机制，包括投资者对它未来的预期。

3. 云部署

仅仅把数据和应用转移到云上是远远不够的，大多数情况，上云会牵涉多个业务功能，影响企业的供应商、财务报表和客户，企业需要长远规划，分步执行。企业还需要充分考虑人力资源和数字化程度如何与云部署配合。

- 规划：审视企业现有商业模式并探讨是否有其他可行的商业模式，根据商业模式制定云部署战略，进行商业论证和自身能力评估。
- 执行：执行阶段可以分四步走，第一步是 SaaS 部署，包括 ERP、CRM、人力资源转型和其他软件部署；第二步是个性化部署，包括应用开发、架构搭建和平台部署；第三步为云迁移，其间可能需要对应用软件进行更新和调整；第四步为引入大数据分析平台。

今天的市场变得越来越多样化，消费者的需求在不断变化。同时，产品、生产流程和服务的数字化、智能化已是大势所趋，受此趋势影响，工业企业正在加快智能制造部署，并不断审视商业模式，制定有效策略，以期从运营和战略层面推动实际价值的创造。

董伟龙｜德勤中国工业产品及建筑子行业、中国工业 4.0 卓越中心领导人 kguo@deloitte.com.cn
屈倩如｜德勤研究制造业、能源行业研究员 jiqu@deloitte.com.cn

尾注

1. 德勤《无人驾驶重塑竞争生态圈》，https://www2.deloitte.com/content/dam/Deloitte/cn/Documents/cip/deloitte-cn-cip-autonomous-driving-reshapes-competition-in-ecosystem-zh-180424.pdf, 2018-04。

放开合资股比
未来移动出行
自主品牌

靠“合资”起步的中国自主品牌汽车走到了成熟期的转折点，除了政策的开放，还将面临严格的油耗法规考核，自动驾驶带来的技术变革和产业链话语权重构以及新兴出行模式对传统商业模式的冲击。那么在2022年股比红线正式松绑之前，自主品牌厂商将如何抓住传统和新兴的机会？

“后合资时代”的中国汽车自主品牌

文/ 何马克博士　周令坤　吴燕子

2018年正值中国改革开放40周年，汽车产业作为中国较早的一批对外开放的产业之一，将再一次迎来重要变革，其中最显著的变化在于影响中国汽车工业发展至深的本土产业保护政策（高关税壁垒、针对外资在合资企业中的股比限制），到2022年之前将得以全面废除。

股比和合资企业数量的放开意味着中国汽车市场将进入充分竞争状态，这对长期呼吁市场开放的外资和民营车企而言，意味着更加公平的市场环境；但对依靠合资工厂利润反哺的国有车企而言，一旦外资车厂增持或提升至控股地位，最直接的影响是中方上市公司利润的缩水，更潜在的影响在于外方收缩技术转让，合资工厂被架空，仅负责代工生产。

靠合资起步的中国自主品牌汽车走到了转折点，除了政策的开放，还将面临严格的油耗法规考核，智能网联和自动驾驶带来的技术变革和产业链话语权重构，新兴出行模式对传统商业模式的冲击等。本文将重点探讨当前困扰所有自主品牌车企的关键难题以及应对的措施。

一、自主品牌车企的发展及当前所处阶段

（一）关键节点回溯

中国的自主品牌车企在 30 多年的发展过程中，经历了几个关键节点（见图 1）。如果仅聚焦 2010-2017 年，这是自主品牌发展最跌宕的几年，期间自主品牌车企销量几经起落，但与此同时其综合竞争力也实现了全面提升，不仅体现在价格中枢的上移，更关键的是在研发投入、造型设计、对消费者需求的洞察、平台化搭建、产品体验及营销创新等方面均取得了较大突破。

预计从 2018 年起，自主品牌的发展将全面进入新阶段。在该阶段，外部竞争环境将变得更为复杂，政策、技术变革和消费方式的转变将成为引导产业发展的主要驱动力量。自主品牌内部将开启末位淘汰制，组织方式更灵活、资本优势更大的民营车企得益于前期积极有效的战略调整和研发投入，将进一步扩大领先优势。与此同时，大型国有车企之间的整合将提速，而且从非关键领域向关键领域延伸，从人事调整向技术、体系融合深化。

图1 过去十年自主品牌发展的重要节点

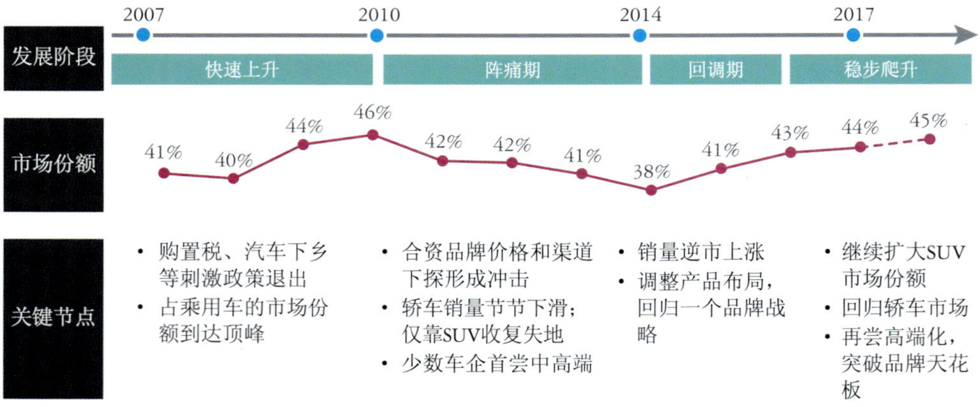

资料来源：市场份额数据来自中国汽车工业协会。

（二）自主品牌内部的分化

若以 2017 年为节点，自主品牌内部呈现出明显的分化趋势。我们以销量、增速和市占率为指标，可初步将自主品牌进行梯队划分（见图 2）。

第一梯队，绝对销量上突破了百万辆规模，且增速持平或高于行业平均，并且已经在自主乘用车市场中占据相当体量的市场份额，代表企业包括吉利、长城和长安。预计第一梯队企业将继续保持领先优势，第二梯队中仍有 1 ～ 2 家企业有望跻身第一梯队。

第二梯队，销量即将或已经迈上 50 万辆台阶，但企业之间增速差异较大，部分车企得益于强产品周期和前期研发投入的变现，取得远高于行业平均的销量增速；而一些自主品牌仅仅因为高基数而跻身该区间，其未来增长面临较大压力，有掉队的风险。

第三梯队，聚集了最多数量的自主品牌车企，其产销规模介于 10 万～ 50 万辆之间，预计这一矩阵内的车企将率先进入淘汰通道。

自主品牌的梯队划分并不存在固化的界限，而是动态演变的过程。随着车企开启产品周期、补齐车型结构短板、提升产品力和品质能力，部分自主品牌有望跻身上一级梯队。

图2 自主品牌内部梯级划分

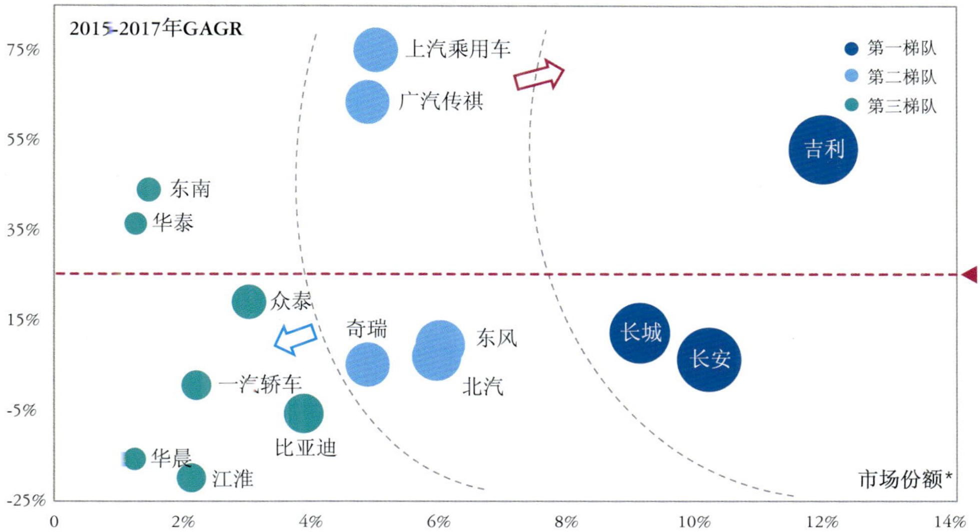

注：气泡大小表示前十大自主品牌乘用车企业2017年的销量；*占自主品牌乘用车企业总销量的比重。

资料来源：乘联会。

二、变革前夕的机遇

（一）消费升级是未来十年中国汽车市场主要增长逻辑

从汽车保有量来看，中国汽车市场处于从普及期后期迈向成熟期的过渡阶段。截至2017年末，中国千人汽车保有量约为150辆，相较成熟汽车市场仍存在较大差距。德勤预计，到2020年中国乘用车销量有望达到2800万辆，2027年将突破3500万辆，年均复合增长率放缓至4%左右（见图3）。

图3 中国乘用车销量预测（2020-2027年）（单位：千辆）

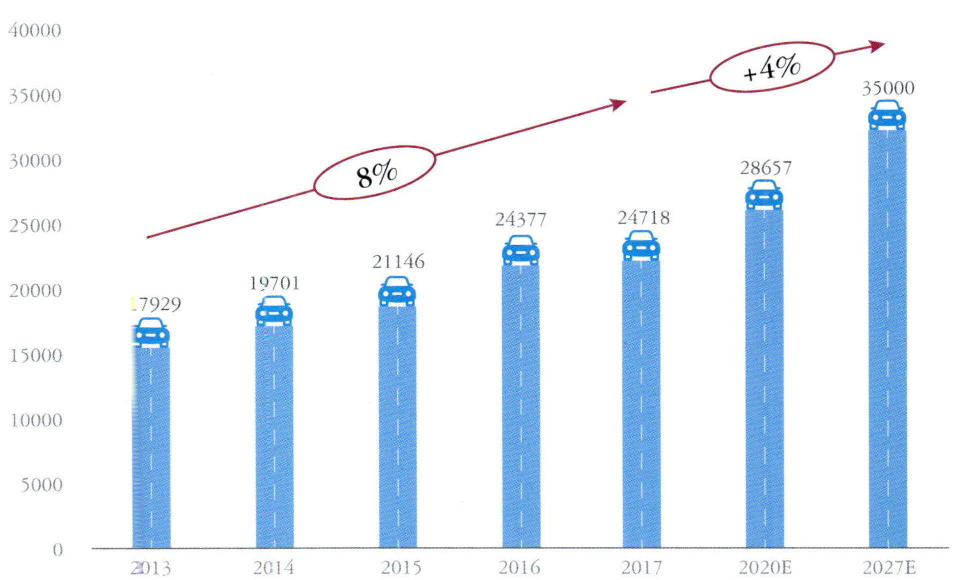

资料来源：车企访谈、EIU、德勤分析。

1.90 后开始取代 80 后成为汽车消费中坚力量

中国乘用车市场发展特点符合人口增长规律，其中又和人群结构、居民收入水平和生活方式紧密相关。按人群结构看，80 后和 90 后是当前汽车消费市场的中坚力量（见图 4）。2017 年上半年，80 后是汽车市场的消费主力，占比达到 48%，90 后消费者尽管占比不到 30%，但增速抢眼；到 2025 年，90 后将取代 80 后成为中国汽车消费的主力军。90 后的消费观念、购物偏好同其他年龄段的差异明显，其追求个性化、驾驶体验，重视便利性和互联科技，不拘泥于品牌等特质都决定了自主品牌必须围绕这一目标群体制定差异化的品牌、产品、服务和营销体系。

图4 中国新购车用户的年龄段分布

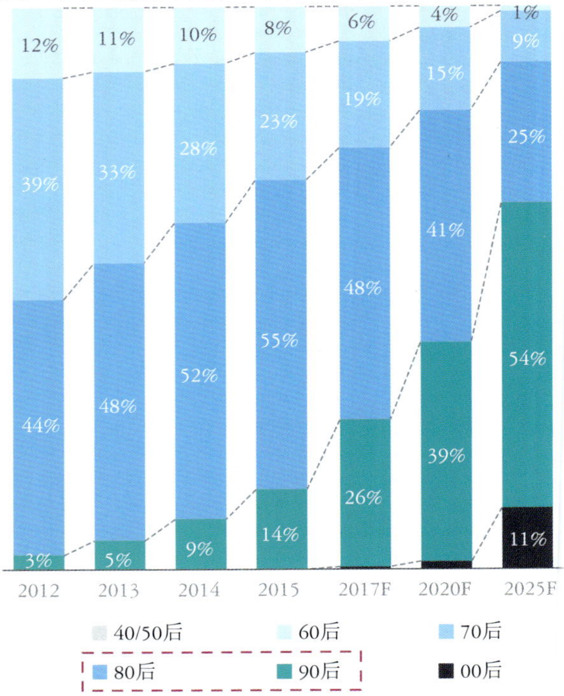

资料来源：泰博英思分析。

2. 购买力中枢向三、四线城市转移

从收入水平看，中国城镇居民人均可支配收入从 2000 年的 6200 元增长至 2017 年 36000 元，这期间有相当一部分家庭的收入达到中产阶层及以上水平。据麦肯锡此前统计[1]，到 2022 年中产阶层及以上占比将提升至 81%，而来自三、四线城市的中产阶层将出现最大幅度的增长，跃升成为中国家庭消费总量和新增消费的最主要贡献力量（见图 5）。再结合区域看，长三角、粤港澳大湾区、长江中游、成渝地区和京津冀等五个城市群中的三、四线卫星城市，将领跑中国未来十年的消费增长[2]。

图5 中国中产阶层区域分布

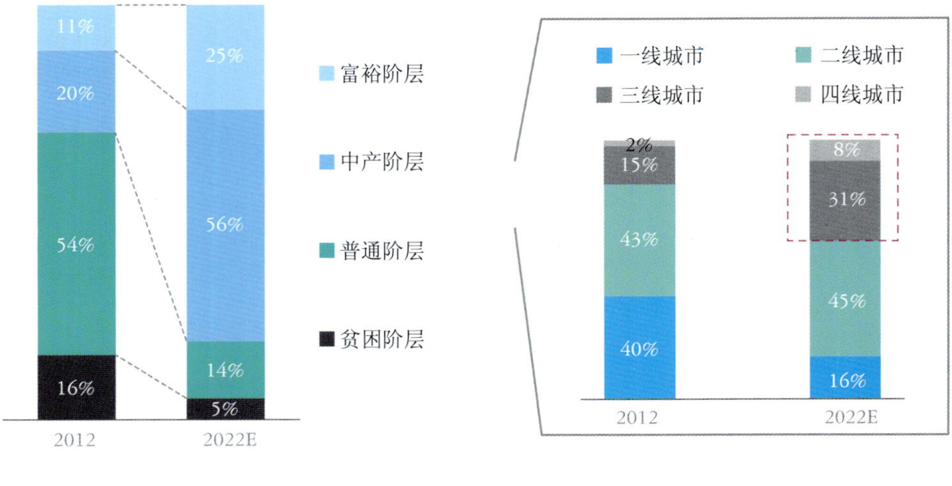

不断壮大的中产阶层规模意味着围绕品质和品牌的需求将成为中国家庭购车的主要驱动力。若将 2010-2011 年作为中国汽车消费周期的高点，以成熟市场 5 ～ 7 年的汽车保有周期计算，中国正进入置换和升级周期。尤以沿海和一线城市为代表，市场购买主力已明显从首购向复购 / 增购 / 换购转变。例如，在实施限购的一线城市，置换已取代首次购买成为市场主要推动力，新车和二手车比例超过 1:1[3]，复购 / 置换车辆成交价在 20 万～ 30 万元区间。

家庭对于复购车辆更看重车内空间、安全性、高品质以及丰富的科技配置，表现在具体车型上则是对中高级别 SUV/ 中高级轿车 / 豪华车的需求猛增[4]。相关调研数据显示，在一、二线城市，除了传统的车辆安全性能和可靠性之外，消费者对品质、品牌的诉求明显提升，而“性价比”作为传统购车因素则退居后位（见图 6）。

图6 自主品牌不同级别城市消费者购车偏好

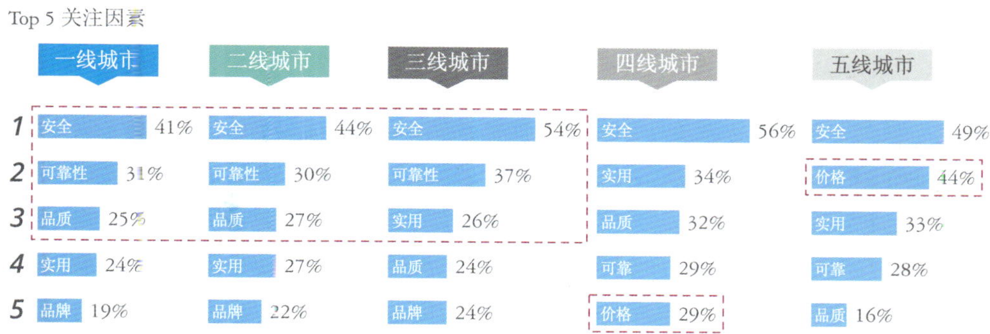

资料来源：易车、尼尔森。

（二）自主品牌如何抓住结构性机遇

1. 自主品牌的目标群体和主力销量区域

根据交强险数据，2017 年第四季度自主品牌车主中 72% 为男性，28% 为女性（见图 7），女性车主比例较 2015 年（19%）出现较大幅度提升，表明自主品牌车企近几年扩大了其在女性用户中的辐射。在年龄段上，自主品牌对 90 后消费群体的渗透率取得显著增长，25 岁以下人群的销量占比从 2015 年的 15% 上升至 2017 年第四季度的 38%。但对 35 岁以上人群的覆盖却出现小幅下降，70 后及以上人群目前是再购 / 增购市场的主力之一，表明自主品牌近几年仍然以满足首次购车为主，对置换 / 再购需求的覆盖有所不足。

图7 自主品牌消费群体性别和年龄段分布

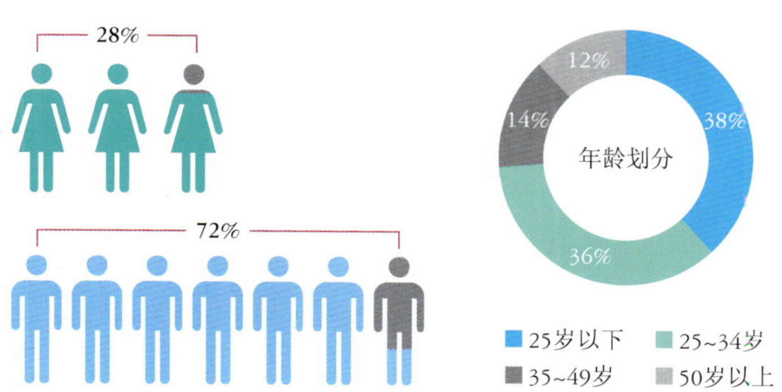

区域分布上，三、四线城市是自主品牌的主销区域，销量贡献度超过 50%，而且呈逐年扩大趋势。但与此同时，自主品牌在竞争最激烈、车型分布最密集、价格门槛最高

的一线城市，却逐渐显现出明显的下滑态势（见图 8）。

图8 自主品牌消费者的区域分布

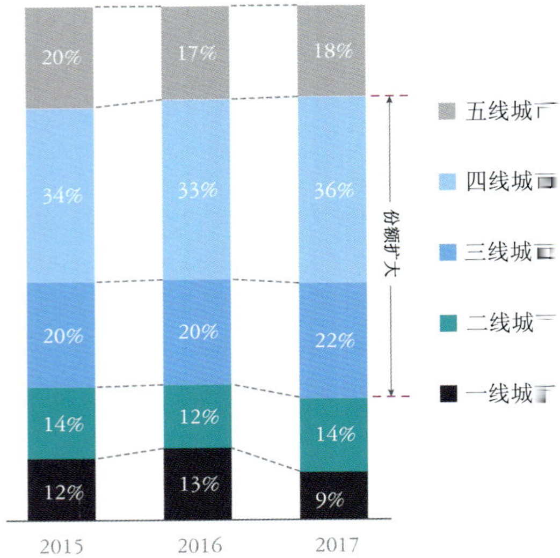

资料来源：易车。

2. 自主品牌在各细分市场的发展布局

结合上述消费趋势，自主品牌车企该如何进行产品和市场布局，以抓住行业变革过程中的结构性机会？

首先，10 万元以上 A+ 级市场或成为自主新突破口。

轿车市场无论从销量增速、行业集中度，还是产品投放速度来看，都进入了成熟期，即厂商之间仅通过价格、性能、配置等方面已经很难拉开距离，市场竞争越来越落在产品力和品牌力层面。

从市场份额看，合资车企凭借其丰富的产品线和合理的布局，长期占据着各级别轿车市场的绝对主导。自主品牌轿车产品谱系相对单一，其市场份额最高峰时也未超过 35%，近几年自主轿车市场份额已一路跌至 20% 以下。近几年能跻身 A 级轿车销量前十的仅有吉利一家自主品牌车企。

尽管如此，并不意味着自主品牌在轿车市场的窗口期已经关上。在消费升级趋势下，自主品牌应逐步放弃入门级等中低端市场，以 A+ 级市场为切入点，开启其品牌上升之路。自 2017 年起，部分自主车企开始强调回归轿车市场，其采取的主要战略是以尺寸上更占优势、级别更高、配置更丰富的 A+/B 级车来对抗合资品牌的 A 级车。

其次，SUV 未来增长点在于高端和跨界。

自 2016 年起市场便引发对于 SUV 红利期还能持续多久的担忧。但从年均复合增速、行业集中度、产品密集度、车型投放数量等指标看，SUV 仍然呈现出增长态势。从车企公布的新车计划看，2018 年 SUV 占新车投放的比例高达 58%，其中 SUV 车型占自主品牌新车总量的约 66%，从行业集中度看，销量前十的 SUV 车型集中度从 2010 年的 53% 下跌至 2017 年的 26%，可见 SUV 市场格局未定，新进入企业和产品仍拥有较大增长空间。

图9 中国SUV细分级别销量增速（2015-2017）

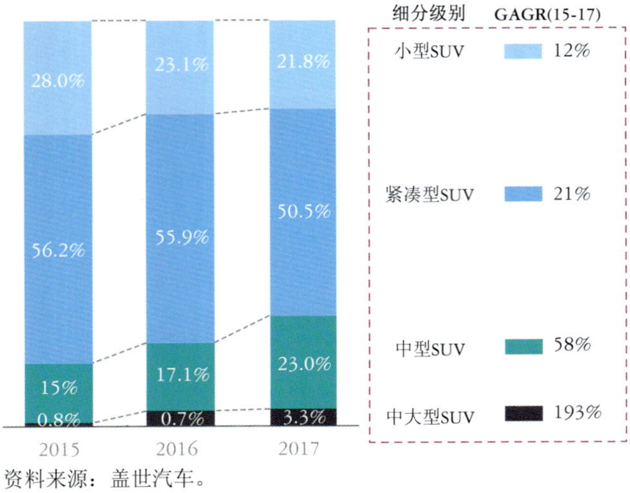

资料来源：盖世汽车。

根据对自主品牌车企高管和行业专家的访谈可以得出，SUV 市场还未达到饱和，尤其四至六线城市仍然呈现出强劲的刚需，首次购车人群贡献了该区域销量的 75% ～ 80%。此外，SUV 内部增长势头转换，从小型和紧凑型转移到中型和中大型（见图 9），尤其在消费升级趋势引领下，中高端、豪华和个性化 SUV 将成为新兴增长点。

图10 自主品牌不同价位段市场份额变化

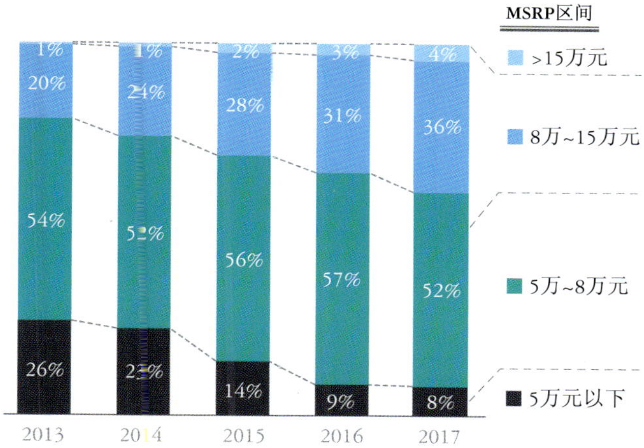

注：2017年仅为1~6月数据。

资料来源：威尔森。

最后，品牌向上的突破。

从价格维度看，自主品牌乘用车整体成交价上移的趋势尤为明显，其在5万~10万元价格区间的市场占比逐步走低，而在10万~15万元价位段呈现稳步增长态势（见图10）。根据交强险数据[5]，2017年自主品牌乘用车加权平均成交价已突破10万元。其中，加权成交价最高的是长城旗下中高端品牌Wey，其次是观致、广汽传祺。上升势头较猛的还有上汽荣威和吉利汽车(不包含领克)，其余自主品牌乘用车成交价均在10万元以下。

价格中枢的提升很大程度上源于其产品矩阵中SUV占据较大比重以及在中高端市场的突破。自主品牌的发展历程伴随着数次对中高端市场的尝试，但在价差、口碑和品质上均未能缩小与合资车型之间的差距。

自主品牌中高端路径主要分为两类。第一类推出独立的中高端品牌，主要以长城旗下的Wey和吉利的领克为代表；第二种则在现有品牌基础上延伸，通过推出更高级别的车型突破15万元的品牌天花板，其取胜的关键在于跨级别的配置、性价比和品质，典型案例包括广汽传祺、上汽和长安。

Wey和领克刻意淡化各自母公司的品牌影响，以导入独立中高端品类的模式，其共同特点在于同国际接轨的外观设计、关键零部件获得国外专家和供应商的技术加持、较高的品控能力以及丰富的智能配置（见图11）。

图11 Wey和领克模式对比

自主品牌中高端路径	WEY	LYNK&CO
外观设计	独立设计，同母品牌区隔较大	独立设计，同母品牌区隔较大
产品矩阵	A-C级，仅覆盖SUV	A0-C级，覆盖SUV、轿车和MPV
研发体系	依托哈弗原有技术+聘请外部专家	吉利和沃尔沃共同研发CMA架构
潜在目标群体	三、四线消费者；哈弗品牌升级人群	一、二线消费升级群体及年轻消费者
品牌定位	中国豪华SUV开创者	弱化汽车形象，强调个性化的生活方式
营销模式	独立销售网络，但沿用传统销售模式	线上和线下渠道相结合

资料来源：德勤研究。

三、*出行市场的危与机*

自主品牌在应对未来出行格局的变化上，反应和跟进速度较为缓慢。厂商对于出行服务的困惑主要集中于：以何种形式以及进入到哪一个细分领域；战略投资新兴移动服务平台，还是采取重资产的自营模式；更为关键的是，掌握了众多消费者出行数据的整车厂，该如何将数据变现，并将其融入更广义的出行市场中。

目前自主品牌进入共享出行领域可以概括为以下三种路径。

- 平台模式。在企业内部成立单独的移动出行事业部或成立单独的子公司，专门从事移动出行业务，但仅提供一类出行服务。平台上的运营车辆既可以来自集团内部也可以吸引其他车企车型加入。
- 自营模式。同路径1的区别在于，自营模式下的车辆来自于车企本身。
- 通过并购或投资现有移动出行服务公司，向后者提供运营车辆。

在各种共享出行模式中，自主品牌车企大多选择进入同自身业务联系更紧密，且运营成本相对较低的汽车共享，即分时租赁业务。吉利在移动出行市场的布局最为激进，该公司在网约车和分时租赁领域皆采取自营模式。除布局较早的车企之外，多数自主品牌对出行服务的态度逐渐从独立运营走向拥抱合作（见图12）。

图12 自主品牌分时租赁平台运营情况

分类	自主品牌分时租赁平台	运营城市	车队规模	运营车型
分时租赁	北京首汽-Gofun	北京、上海、厦门、青岛、武汉等21个	>3万辆	雪佛兰科沃兹、奇瑞eQ1
	北汽新能源-轻享出行	北京、三亚、潍坊、泰州、沧州等12个	1万辆	北汽新能源EX200、EV160、EC180、LITE、EX260
	北汽-摩范共享汽车	北京、昆明、西安、青岛、长沙等12个	>1.8万辆	北汽新能源EX200、EU260
	力帆-盼达用车	重庆	>1万辆	力帆820
	上汽-EVCARD	成都、海口、南京、重庆等31个	>1万辆	上汽荣威E50、奇瑞EQ、华晨宝马之诺、宝马i3
	郑州海马-分秒出行	郑州	>100辆	海马@3、海马爱尚EV
网约车	首汽-首汽约车	北京、杭州、厦门、武汉、南京等52个	2.7万辆	丰田凯美瑞、别克GL8
	吉利-曹操专车	宁波、杭州、青岛、南京、厦门等19个	>1.2万辆	吉利帝豪EV

注：截至2018年3月数据。

资料来源：公开资料、德勤研究。

从战略重要性考虑，共享出行平台对自主品牌而言是消化未来车企新能源汽车销量的重要渠道。此前，多数车企同主流出行平台签署了采购合同，或采取合作投资租赁公司运行网约车的模式。2018年年初，滴滴宣布与12家车企签约共建新能源共享汽车服务体系，合作车企既有向滴滴提供共享汽车车源，也有将其投资的第三方分时租赁平台接入滴滴。

总体而言，多数自主品牌车企对共享出行模式仍持谨慎和观望态度，一方面源于该新型出行方式投入成本大，而且至今未有公司实现盈利；另一方面，自主品牌对于数据驱动新兴业务的能力仍有较大提升空间。

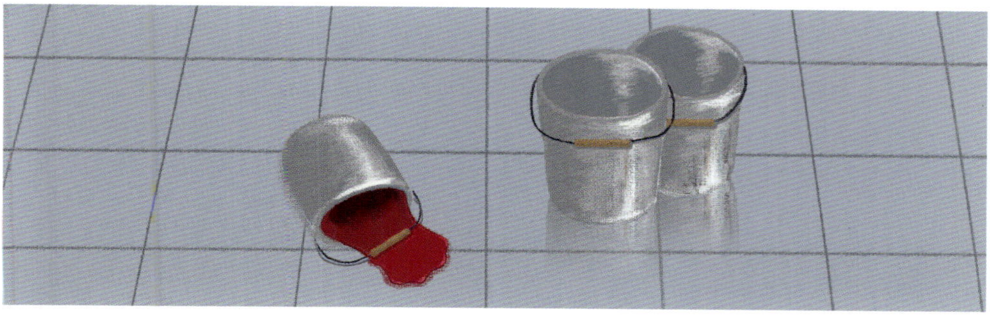

四、当前面临的问题和挑战

首先在研发环节上，自主品牌并未建立起有序的产品谱系规划以及严格的生命周期管理，即把握小改、中期改款、换代的时机和节奏。

2015-2017年间，几乎每家自主品牌均有1~2款爆款SUV车型，同时拥有较好的产品口碑，但没有一家自主品牌车企能够基于热销车型推出第二代甚至第三代产品。

从过去两年自主品牌车型的生命周期看，约50%的车型从上市到进入生命周期末端不超过1年时间，反映出多数自主品牌车型断档问题严重，这对产品延续性和消费者对该品牌的认知都将带去负面影响。40%的车型能稳定在1~3年，而只有12%的车型的生命周期能撑过3年以上（见图13）。

图13 自主品牌车型生命周期

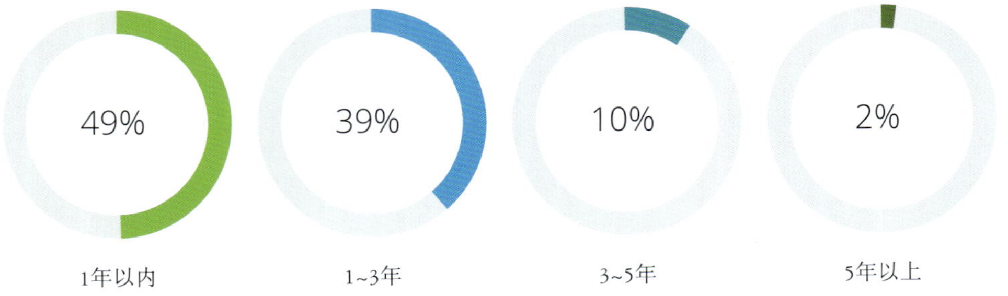

资料来源：易车。

其次在生产环节，尤其是供应链环节上，多数自主品牌在保证核心零部件的优先供应上处于弱势，并且在采购和生产成本控制上仍有较大提升空间。

目前，自主品牌车企变速箱的外采比例较高，如AT变速箱主要被爱信AW垄断，占比超过80%，DCT则以格特拉克（被博格华纳收购）为主。随着自主品牌向中高端市场突破，关键零部件的对外依存度将越来越高。

而外资供应商近几年在中国的投资扩张较为缓慢，并且严格按照长期规划推进，不会大规模扩张。在保证核心零部件的优先供应上，自主品牌并不具有较高话语权。不过这一局面有望被打破，自主品牌正通过建立合资公司来保证产能的供应。如2018年4月，广汽和吉利分别与日本变速箱供应商爱信达成合资协议，保证在2020年能各自实现40万辆的产能。

最后，品牌力的提升不能单纯依靠错位竞争。市场普遍担忧自主品牌在品牌力上并未取得显著提升，仅仅是通过错位竞争来扩大市场份额。在受访车企看来，自主品牌的品牌溢价还未实现本质上的突破，仅仅把售价区间向上挪了一个台阶，同合资品牌依然保持固定的价差，即同级别、同尺寸自主品牌的定价是合资品牌指导价的60%左右。

品牌最直观的量化指标是售价，自主品牌近几年的确在成交价上取得明显突破。但同时也需要认识到，品牌力的提升是企业多年来对技术、产品、新兴科技、用户需求洞察的投入和积累。而自主品牌要实现技术变现，仍需要时日。

五、对自主品牌车企有哪些启示

（一）谈品牌溢价前需先练好基本功

随着市场竞争逐步从“产品力”向“品牌力”转变，自主品牌需要解决更核心的问题：产品的品质、动力和性能，即如何强化自主研发底盘、动力总成、变速箱的技术能力。通过收购国外品牌、导入动力技术，能够在短期内收获成效，但从长期看，提升自主研发能力才是车企取胜的关键。

另外，自主品牌车企在质量管理、品质保障上还存在较大不足。如车企能够凭借一款畅销跻身热销榜前10，也能因同一款车型而遭遇销量滑铁卢，甚至负面口碑缠身，背后仍然是产品质量和一致性出了问题，无论是单件质量、流水线上的装配工艺还是出车前的质检，都在考验自主车企的品控和质控能力。

（二）重视体系建设

纵观近几年增长势头强劲的自主品牌，其发展的一大共性是在前几年确立了平台化战略，使得厂商在车型开发的灵活性、生产效率和成本控制上均取得了较大突破。通过平台化运作，企业能够以此为基础丰富产品谱系，并在相同平台上进行不同品类的产品开发，以匹配不同用途、风格的车型。

而在电动车市场上，国外主流车企正加速打造全新的电动车平台，以实现更低的成本、更高效的生产。如大众汽车的 MEB 平台，该平台将承载大众多达 50 款的纯电动和 30 款插电式混合动力车型[6]；丰田的 TNGA 平台，已将电动化战略提上议程的丰田汽车，正加速向国内的两家合资工厂导入其 TNGA 平台。

何马克博士 | 德勤中国汽车行业领导合伙人 mhecker@deloitte.com.cn
周令坤 | 德勤中国汽车行业管理咨询领导人 andyzhou@deloitte.com.cn
吴燕子 | 德勤研究汽车行业研究员 zwu@deloitte.com.cn

尾注

1. 麦肯锡《中产阶级重塑中国消费市场》。
2. http://yuanchuang.caijing.com.cn/2018/0329/4427434.shtml.
3. http://auto.sina.com.cn/news/hy/2017-07-20/detail-ifyihmmm7632343.shtml.
4. https://www.gelonghui.com/column/article/154915.
5. 2016 年和 2017 年两年交强险数据总和。
6. https://www.d1ev.com/kol/61262.

RESTAURANT
HOTEL

数字化生活服务市场在过去十年间经历了飞速增长，整个市场的数字化进程得到快速推进。随着行业逐渐走向规模化和成熟化，大型的生活服务综合平台逐渐确立。巨大的需求潜力和多元的市场需求也使不少垂直类服务提供商以特定需求为入口切入该市场，不断丰富整个市场的服务内容，并快速成为市场中的重要力量，多元竞争格局仍将普遍存在。

数字化生活服务市场生态展望

文 / 张天兵　陈 岚　李 铭

消费需求、资本、基础设施、政策等多重因素的协同下，生活服务市场在过去十年间经历了飞速增长，数字化进程也得到快速推进。随着行业逐渐走向规模化和成熟化，基于全渠道的生活服务市场正由粗放增长步入优化升级阶段，大型的生活服务综合平台逐渐确立。与此同时，巨大的需求潜力和多元的市场需求也使不少垂直类服务提供商以特定需求为入口切入该市场，不断丰富整个市场的服务内容，并快速成为市场中的重要力量，多元竞争格局仍将普遍存在。

一、生活服务市场数字化发展现状

多重因素的协同作用使得基于全渠道的生活服务市场经历了持续且快速的增长。生活服务电子商务市场的规模从 2013 年的 4340 亿元增长到 2017 年的 27050 亿元，年均复合增长率达到了 58%。据艾瑞咨询预测，2017-2023 年间，生活服务电子商务市场规模年均复合增长率仍将保持在 19.8% 这一高水平，而到 2023 年生活服务电子商务市场规模将达到 80110 亿元，接近 2017 年水平的三倍（见图 1）。从门店的角度来看，门店的渗透率也将从 2017 年的 44.6% 上升到 2023 年的 80.6%，基本实现门店的大多数覆盖。

图1 生活服务电子商务市场规模

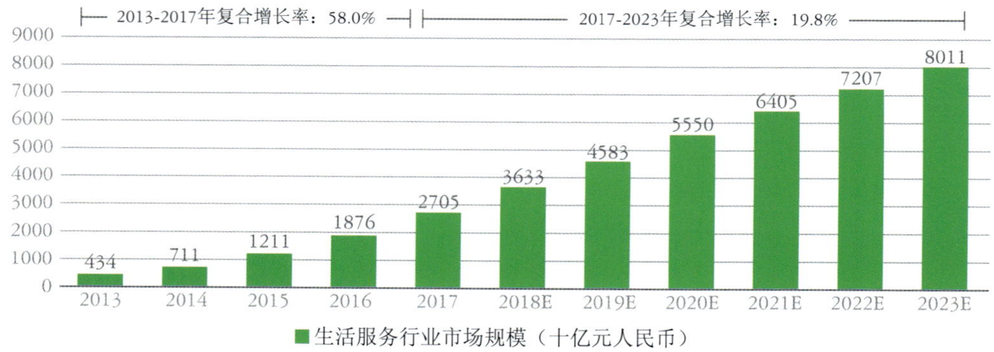

资料来源：艾瑞咨询。

主要细分市场竞争格局如下。

（一）餐饮

餐饮业务是生活服务电子商务市场发展的起点，同时也是目前最主要的业务构成，其中既包括传统的到店餐饮，也包括到店餐饮衍生出的外卖服务。艾瑞咨询的数据显示，电子商务平台上的食品消费在 2017 年达到了 1.17 万亿元，自 2013 年起保持了 86.9% 的年均复合增长率，据预测 2017-2023 年间，整体平均增速仍将保持在 23.7%，到 2023 年电子商务平台的食品消费金额将达到 4.18 万亿元，其中餐饮外卖的年均复合增长率预计为 31%，在线非餐饮食品零售的年均复合增长率预计为 22.1%（见图 2）。值得注意的是，在 31% 的年均复合增长率驱动下，2023 年的外卖交易金额有望达到 2017 年的 5 倍，是食品线上消费的核心驱动力。

图2 中国通过服务业电子商务平台的食品消费市场规模

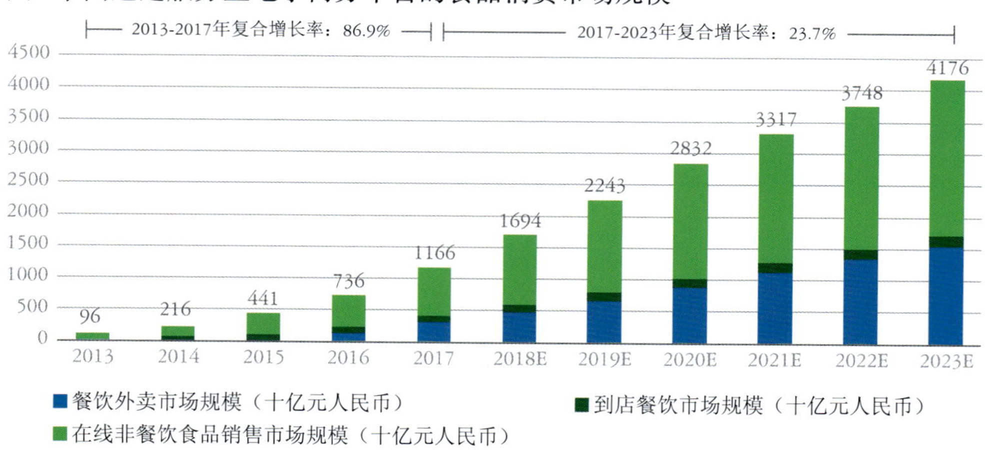

资料来源：艾瑞咨询。

美团点评的到店餐饮业务按照交易金额计算的市场份额连续3年保持第一，其业务模式由最初的代金券模式，逐渐拓展为包含预订、排队、支付等的全方位到店服务，同时也对商家提供了IT、运营等相关服务。随着阿里巴巴在2015年成立口碑，百度也推出了百度糯米，到店餐饮市场的竞争仍旧在超级平台之间展开。

以美团、饿了么和百度外卖为代表的外卖服务平台占据了超过98%的市场份额，由于百度外卖已经于2017年被饿了么收购，因此目前市场中仅存美团外卖和饿了么两大阵营。艾瑞咨询的数据显示，2018年第一季度，美团外卖的市场份额达到了59.1%，而其他两家的份额分别为36%和3.8%。作为两大平台在生活服务领域的重要落子，双方都将进行持续的投入和博弈，短时间内两强相争的局面仍将维持。

（二）酒店

中国的酒店市场分散度极高，艾瑞咨询的数据显示，按照酒店零售额统计，2017年前五大连锁酒店集团占中国酒店市场份额合计约13.8%，而美国的这一比例为26.5%。2017年酒店行业交易规模达到5760亿元，线上渗透率为31.6%，而2017-2023年间，酒店行业有望保持8.5%的年均复合增长率，到2023年，交易规模达到9380亿元，渗透率达到44.6%。

2015-2017年间，基于国内间夜数统计，线上预定市场份额前三的公司份额分别由40.1%、19.6%和24.5%变为33.7%、31.3%和17.2%，头部公司的份额逐渐被稀释，而美团点评作为新的市场切入者，市场份额得到快速增长，已经跃升到第二位，并逼近市场份额最大的市场主体，市场正经历一系列新的变化。

（三）出行

移动出行作为生活服务市场中基于互联网和移动端而诞生并高速发展的新兴市场，近几年来发展迅猛，高速增长下滴滴、摩拜、ofo等新兴企业已经成长为独角兽级别，随着传统互联网企业如阿里巴巴、美团点评等开始布局这一市场，整个市场格局正在发生转变。

1. 网约车

从独立App的月度活跃用户数量来看，网约车市场的活跃用户总量仍然处在一个持续上升的阶段，Trustdata的数据显示，五个基于安卓端的独立网约车App活跃用户从2017年4月的3928万上升到了2018年4月的约5300万，同比增长35%。滴滴在市场中占有明显的份额优势，值得注意的是，嘀嗒拼车在2018年4月的月活跃用户数量已经达到300万，是2017年同期的约3倍，说明在目前的市场环境下，其他市场参与者仍然获得了发展空间。

2. 共享单车

共享单车有效满足了消费者最后一公里的出行需求，因此2015年共享单车模式成功落地后得到了用户的认可和资本的热捧，新兴的市场主体层出不穷，摩拜单车和ofo已经成为共享单车市场中的独角兽级企业。激烈竞争下，不少市场参与者由于无法取得竞争优势成功吸引资本而退出市场，市场的格局也更加清晰。Trustdata基于安卓端独立App的月活跃用户数据显示，2018年第一季度摩拜和ofo在市场中的月活跃用户数量基本相当，是市场上的主要力量，而哈罗单车在阿里的扶持下增长迅速，活跃用户数量在一年时间里增长约200%。面对爆发式增长，成本和收益的均衡仍然是市场参与者需要考虑的问题

综上所述，经过了激烈的竞争和市场的反复洗牌后，大多数细分市场的集中度正变

得越来越高。与此同时，超级平台的持续布局使得不同细分市场成为美团点评及腾讯阵营与阿里巴巴阵营之间的竞争的一个个新战场。

二、生活服务市场的趋势与机遇

（一）生活服务市场发展的影响因素

生活服务市场之所以能够在过去一段时间内出现飞速的发展，与行业所处的独特背景密不可分。中国具有独特的数字化环境，数字化进程的不断深入已经对中国的商业产生了深远的影响。技术的进步使得更多的科技可以被运用到数字化的商业世界中，一方面使得企业能够更加了解并服务消费者，另一方面也能在运营和管理上变得更加高效。新一代消费者的崛起同样推动了行业发展的进程，更高的收入、更加多样化的消费需求以及更加数字化的生活习惯都使得新一代消费者对于基于互联网和移动端的生活方式具有更大的接受度和支持度。超级平台作为目前消费者生态重要的营造者和整合者，在构建消费者生态的过程中，正不断加强不同需求与业务的串联，并因此向着新兴的领域渗透。

1. 新一代消费者崛起

千禧一代正成为中国消费市场的重要推动力量。追求个性化和体验化是新一代消费者的一大特征。千禧一代消费者已经不那么物质主义，相比实物消费，超过一半的年轻人都更看重体验，个性化、创新型的体验更容易被新一代消费者接受，这也使得时下分享经济、出境旅游等新的消费理念变得越来越流行（见图 3）。而在实物选择方面，新一代消费者更注重实用性、品质和个人喜好，对奢侈品的推崇已经不如上一代消费者。

图3 主要消费者需求

资料来源：德勤《未来零售系列报告》。

千禧一代的另一个特征是数字化，大约自 2010 年起，中国开始进入个人消费者时代，这个时代的突出特征是消费个体的数字化水平开始超过商业企业，而移动设备、互联网社交、电子商务、云计算、大数据等一系列新的技术应用都在进一步扩大消费个体和商业企业的数字化水平差异。为了弥补在数字化方面的不足，商业企业需要更多地借助数字化手段，更好地进行资源的整合和利用，并以消费者需求为导向，高效准确地满足消费者需求。

2. 科技进步

科技进步是目前推动商业变革的核心驱动因素，也是整个消费市场数字化转型的基础。计算能力、算法、数据等核心因素在过去几年经历了快速的发展，并推动了云计算、大数据、人工智能等多项主要技术的不断演进和迭代，使得多个行业的创新和变革能够围绕需求和应用场景进行多项技术的融合应用，更加广泛和深入地对整个商业社会产生影响，从而重新定义未来商业模式（见图 4）。

图4 主要核心科技汇总

资料来源：德勤《科技重塑零售业六大变革趋势》。

3. 平台化

超级平台在构筑生态体系的过程中，对于生活服务市场的不断渗透也是目前影响市场发展的一个重要影响因素。超级平台通过资源的整合和业态的创新，推动着整个消费市场的变革。在这样的变革下，市场参与者之间的争夺将是对人和时间的争夺，而评价市场参与者的重要标准将是其产品和服务在消费者一天 24 小时中的占比（见图 5）。腾讯旗下的微信已经占据了中国手机用户近 30% 的使用时间，而阿里也在通过社交媒体、文化娱乐等方面的持续投入，占据消费者的时间。通过更多时间的占用，超级平台可以建立起与消费者之间的多维联系，通过数据的不断收集形成消费者画像并提供个性化的商品和服务，从而最大限度地满足消费者需求。

图5 当今的市场：消费者的24小时

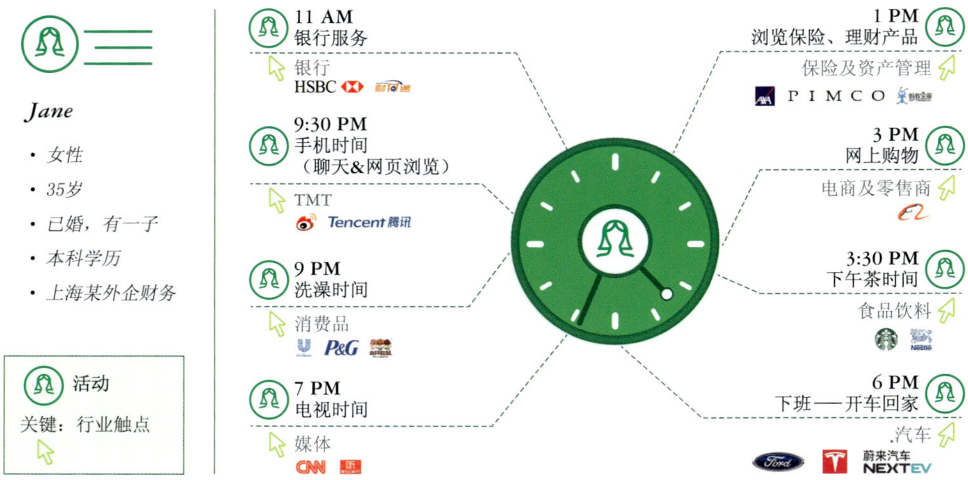

资料来源：德勤《未来零售系列专题》。

（二）主要细分市场的趋势和机遇分析

从市场发展的角度来看，以到店餐饮为代表的传统领域经过多年的发展，市场已经走向稳定和成熟，市场的发展逻辑也由单纯的横向扩张转变为纵向的深化发展和资源优化。以外卖和网约车为代表的新兴业务尚未成熟，仍然需要不断地改革和拓展从而得到提升，因此快速演进是新兴业务发展的主基调。

1. 传统领域深化发展

传统的生活服务细分市场由于已经经过较长时间的发展，以超级平台为主要参与者的市场格局基本成型。对于平台来说，商户的表现和消费者的满意度直接决定了平台在市场中的竞争地位，因此如何提升平台商户的竞争力，并且准确满足消费者需求，成为目前超级平台关心的核心问题。对于平台商户而言，有效利用平台资源，形成以产品和服务为核心能力，以消费者需求为中心的模式，在目前的市场环境下尤为重要。数字化转型是目前商业世界转型的一条主线。对于商户和平台来说，数字化主要包括消费者端的数字化和运营的数字化。一体化的数字化能力，将帮助企业形成以消费者为中心，环环相扣的数据交融方式，透明的数据流和可追溯的分析过程，使得企业能够更好地了解并满足消费者的需求，形成以数据和分析驱动的新型运营模式（见图 6）。

2. 新兴领域快速演进

近年来生活服务市场中的新兴业务创新变得更加普遍和广泛，从落地到快速普及的时间周期也变得更短。面对激烈的竞争和持续变化的市场格局，新兴领域的市场参与者在持续扩大规模、提高渗透率的同时，也正在对商业模式、运营管理等方面进行着优化和提升，以持续增强企业的综合竞争力。以目前仍旧保持快速增长的外卖市场为例，外卖市场的快速发展不仅为餐饮开辟了新的发展途径，扩大了消费的选择，同时也积累了大量的运力资源。随着市场扩张的不断推进，一方面外卖服务平台开始投入更多的资源和精力来提升整体的运营能力，另一方面也在业务模式上进行拓展，以提升资源的使用效率（见图 7）。

图6 用户数据获取

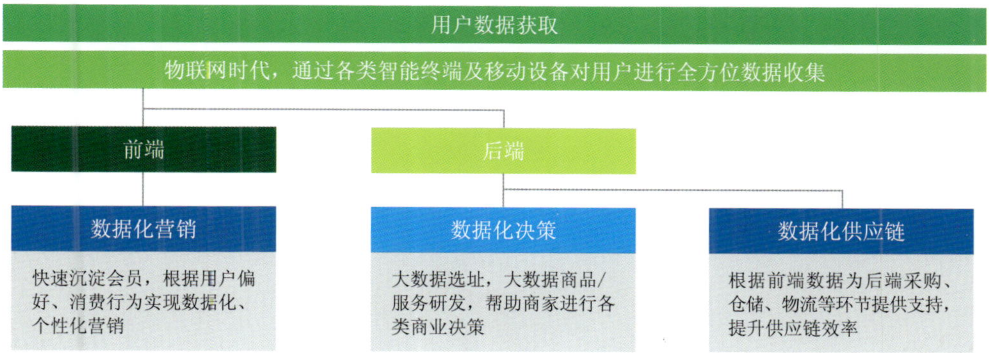

资料来源：德勤研究。

图7 外卖市场的三个演进方向

资料来源：德勤研究。

3. 资源整合实现价值链优化

为了占据更多的消费场景，提升消费者黏性，同时也通过资源的协同来持续优化价值链，超级平台在市场中进行着持续的整合，其中主要包括服务资源整合和技术资源整合。

服务资源整合。超级平台为了扩充服务场景，占据更多的消费者时间份额，建立更加完整的消费和服务链条，以消费者为中心进行了持续的服务资源整合。

技术资源整合。技术进步是数字化时代推动商业社会发展的核心驱动力，底层技术的爆发催生了众多的科技应用，超级平台在聚合服务的同时，对技术资源和技术提供商也进行着整合，以便能够形成更加系统化和一致化的技术应用。

以美团为例，在服务资源和技术资源的双重布局下，美团点评的餐饮业务模块已经形成了相对完善的服务链条和技术链条，涵盖了营销服务、日常运营服务、配套的金融服务以及系统应用层面的 IT 服务（见图 8），这种以特定服务为中心，对上下游资源和技术的整合，对业务的精细化发展和全价值链优化具有重要的意义。

图8 美团点评构成服务

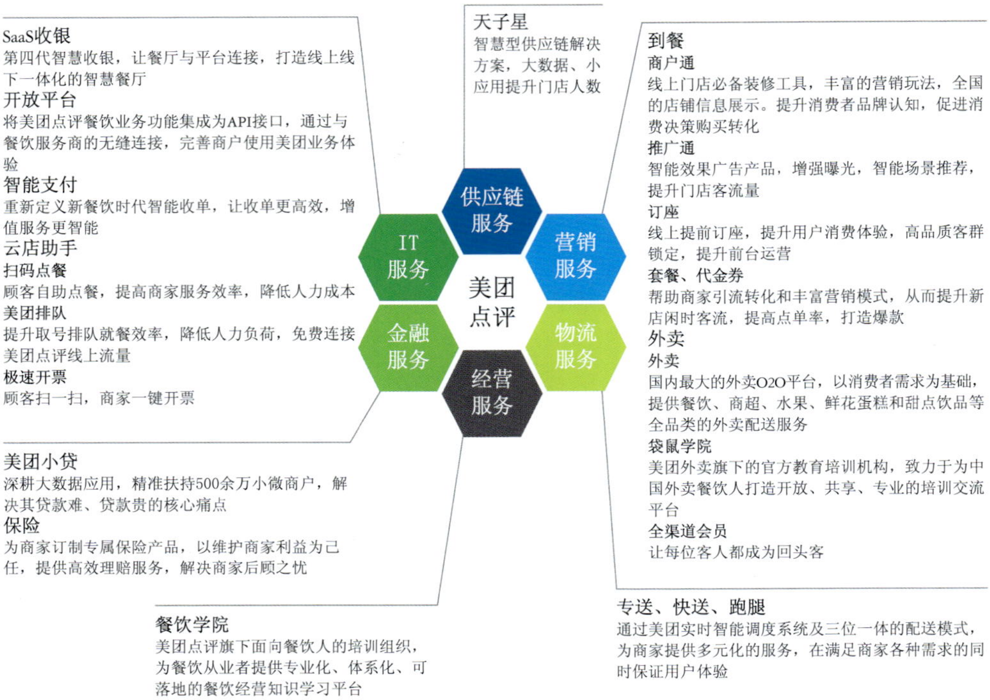

资料来源：德勤研究。

三、行业生态展望

随着市场集中度的不断上升以及资源整合的深入，市场中主要的平台参与者已经基本确立。美团点评的服务领域基本覆盖了衣食住行等生活服务的每一个环节，而阿里巴巴也通过多种手段对生活服务市场进行着布局，其背后倚靠的是由零售、娱乐、金融服务、技术服务等构成的大生态。整体来看，生活服务市场的超级平台化已经成为主流，并将在未来一段时间不断延续。

（一）平台经济模式确立

生活服务市场在超级平台的主导下，平台经济模式已经确立。平台经济依托繁荣的商业生态系统、开放的基础设施、数据化的生产要素和低成本高效率的信息撮合机制，支撑了大规模协作的形成，激发出前所未有的经济活力。除了自身创造的价值之外，还会带动原材料、设计、生产制造、分销等上游供应链的协同分工和经济增长。作为连接消费者和商家的平台，生活服务平台一方面以消费者的生活服务需求为中心，构建了集合性的生活服务体系，另一方面以商家需求为导向，通过 IT、金融、物流、营销、运营、供应链等方面对商家进行赋能（见图 9），在巨大的交易体量下（2017 年美团点评平台完成交易笔数超过58亿，交易金额达3570亿元），平台既具有消费者价值，又具有行业价值，而由于平台对于经济发展、协同治理方面的作用，对于政府同样具有不可或缺的价值。

图9 美团点评生态

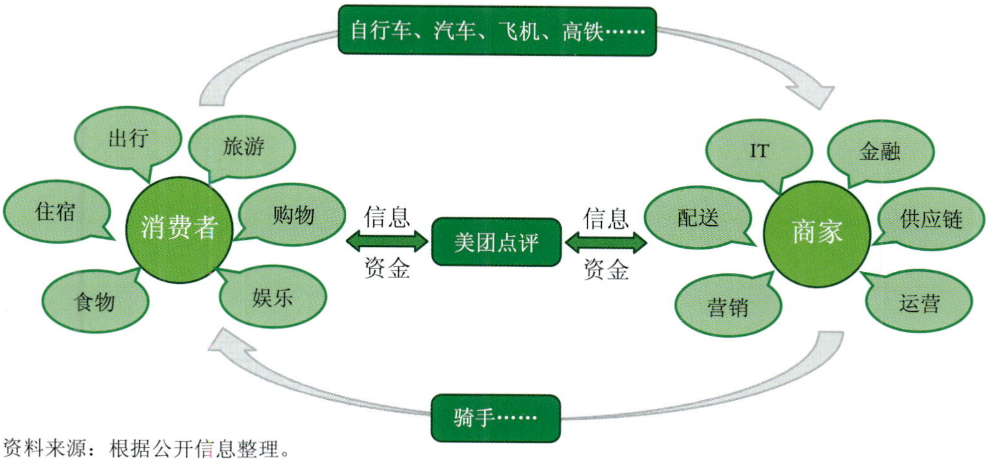

资料来源：根据公开信息整理。

（二）平台经济治理

平台经济本身具有多重价值和多种角色，在信息化时代的大势下，正逐步改变着我们的生产和生活，召唤着与之相适应的生产力和生产关系的创新，这将是一个循序渐进的过程。在平台经济体系中，需要有新的认知和机制来适应日益变化的情况。所有这些都需要政府、平台、企业和消费者共同参与，携手优化。

基于互联网的平台经济发展是新生事物，具有生态性、开放性、共赢性、普惠性的发展特征。随着平台经济发展的深入，对其治理的思考也越来越深入。在新的治理格局下，有四个主要的思考维度。

第一个思考维度：原则

对于平台经济的治理，要坚持三条原则。①促进创新，把促进创新作为平台经济治理的基本出发点，合理确定治理的制度体系和治理进度，避免扼杀创新；②主体公平，要促进线上线下、平台与平台之间的实质公平，保障公平竞争的创业创新环境；③福利最大化，调节相关主体之间的责权利关系和利益分配，尽量做到有利于整个社会福利的最大化。

第二个思考维度：角色

平台经济是一种政府监管部门、商品或服务提供者、消费者、平台、第三方机构等众多利益相关方共同参与组成的复杂生态系统。传统经济治理的G－B－C架构，正在演变成为平台经济治理的G－P－B－C架构，并有几个突出特点：①平台成为重要的治理角色，通过制定平台规则，在平台生态系统维护方面发挥着主导作用，成为平台经济治理的推动者和参与者；②消费者和第三方机构成为规则治理、案例判定等的重要参与者，而且一定程度上成为驱动生态繁荣的直接力量；③政府担负着守夜人的责任，体现了包容性，为新生事物保驾护航，应当适应互联网时代社会治理的新形势、新思维、新方法和新秩序。

第三个思考维度：方式

协同治理是平台经济治理的最基本方式。需要构建一种去中心化、多利益相关方共同参与的治理机制，引入更多的参与者，各有分工、各司其职，从过去的管理的角度，向治理乃至协同治理的角度转变。

第四个思考维度：手段

平台经济系统是一个复杂的系统，这是人类社会发展史上从未面临过的非常庞杂的生态，不管是互联网公司本身还是政府，面对这种新型经济体的时候都没有经验。推动平台经济治理，除了要采用法律法规、网络规则等制度手段外，还需要更加重视使用技术手段，如大数据、人工智能、区块链等技术的作用，通过大数据构建信用体系、代码规则，让平台治理更加高效、准确。未来平台经济的治理，技术手段不可或缺，这与传统经济治理存在很重要的差别。

（三）潜在的行业重塑趋势

数字化时代具有与工业时代截然不同的发展特征，在目前中国独特的数字化环境下，行业的变化是非连续且不可预测的，同时市场正被无限细分，每一个消费者群体都可能形成一个独特的市场。为了更好地满足消费者需求，行业边界也逐渐消失，市场参与者开始更多地追求跨界协同，因此对应的发展逻辑也由过去的线性思维转变为非线性思维（见图 10）。

图10 数字时代和工业化时代的对比

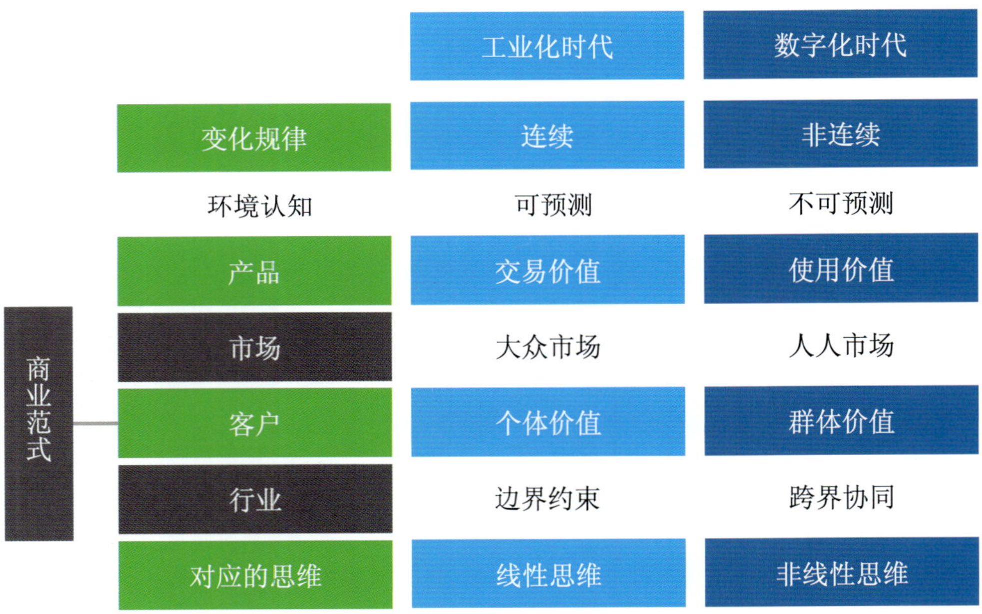

资料来源：陈春花，廖建文 . 打造数字战略的认知框架 [J]. 哈佛商业评论，2018（7）。

近几年科技的快速发展加速了数字化时代的行业变革，德勤对于科技发展趋势的研究显示，过去 9 年时间里，科技应用的持续迭代对商业世界产生了深远并且多元的影响。具体来看，科技应用持续推动着数字化、分析、网络、信息技术业务、云、核心六个方面的演变，具体体现在媒介、内容和社会组织的数字化演进、数据和分析能力提升、新型网络关系的建立（区块链）、信息技术爆发、新核心重塑等方面。2020 年前后，多项技术有望迎来集中式爆发，其中大规模机器学习、智联网、5G、人机自然交互等细分领域的科技对商业的影响尤其值得关注。

因此，对于生活服务电子商务市场，科技的进步和应用会是未来重塑市场的核心力量。结合科技进步的方向以及生活服务市场的发展历程，有四大潜在的变化可能会成为重塑市场的力量。

- **新的交互方式**。技术的进步在未来可能会带来新的互动媒介和渠道。从 PC 端到移动端再到新媒介的发展过程中，必然会对市场产生大的冲击。
- **新的市场参与者**。虽然目前几大主要市场的格局已经趋于稳定，但是仍旧有大量的生活服务需求可能未被满足，技术的进步配合模式的创新仍有望带来新的市场参与者。
- **新的供需关系**。商家和消费者的关系已经由过去的以商家和商品为中心转向了以消费者为中心。消费者和商家的关系正在被重构，随着双方互动更加密切和直接，消费者对整个供应链的影响将更加明显，同时新的媒介也可能加速这一趋势。
- **新的数字化能力**。科技的进步在持续增强市场参与者的数字化能力，平台和商家都在这个过程中得到了提升，新兴科技、数据和分析能力的发展目前仍处于相对初期的阶段，随着这些元素在未来出现更有深度的融合和协同，市场参与者包括核心在内的多个方面也将被重构。

四、总结

经济的持续发展下，生活服务市场稳步增长的趋势仍将保持，在线服务的渗透率也将随着整体数字化水平的上升而不断提高，整个市场的全渠道融合将会持续演进。在市场的发展中，年轻化的消费群体、快速进步的科技以及不断进行资源聚合的平台，都是目前影响市场发展的重要因素，面对这些主要因素的影响，不同的细分市场也将呈现出差异化的发展特征。资源的持续聚集和综合实力的提升使得超级平台成为市场的主要参与者，在超级平台主导的市场中，平台经济模式已经确立，对产业乃至整个社会都产生了重要的影响。展望生活服务领域的未来发展，由科技进步带来的新的交互方式、新的市场参与者、新的供需关系和新的数字化能力都有可能成为重塑市场的重要力量。

张天兵 | 德勤消费品及零售行业领导 合伙人 tbzhang@deloitte.com.cn
陈　岚 | 德勤研究总监 lydchen@deloitte.com.cn
李　铭 | 德勤研究消费品及零售行业研究员 alarli@deloitte.com.cn

5G

全球移动通信行业正在从 4G 向 5G 迭代，更快的传输速度、超低的时延、更低功耗及海量高可靠连接将驱动新应用场景及新业务，创造万物互联的新时代，其庞大的数字网络效应将产生巨大经济价值。5G 将被使用在无人驾驶、物联网、车联网、工业互联网等，催生万亿元人民币商机。

5G 重塑全行业

文 / 周锦昌　林国恩　濮清璐　钟昀泰

全球移动通信行业正在从 4G 向 5G 迭代，更快的传输速度、超低的时延、更低功耗及海量高可靠连接将驱动新应用场景及新业务，创造万物互联的新时代，其庞大的数字网络效应将产生巨大经济价值。5G 将被使用在无人驾驶、物联网、车联网、工业互联网等领域，催生万亿元人民币商机。预计 2025 年 5G 网络将覆盖全球 40% 的人口，达到 27 亿人，中国将成为全球最大的市场。

目前全球已有 49 个国家和地区，77 个运营商正在开展 5G 相关测试，且中国营运商正在部署全球最大的 5G 网络。从各国运营商的进度来看，在 5G 上皆采取了领跑战略——5G 建设已经不仅仅是上网速快的问题，而是演变成为决定智能时代国家竞争力的关键。美国、中国、日本、韩国的 5G 商用目前已进入倒计时阶段，美国最大的通信运营商 AT&T 将于 2018 年年底推出全球首个 5G 移动网络，而 Verizon 已经在十月推出了 5G 固定无线服务，代替光纤入户，中国则预计在 2019 年开始商用。

一、价值创造

（一）物联网催生 5G 网络需求

移动和信息技术的快速发展正在推动互联网从消费级向产业级演进，物联网终端设备的指数级增长以及海量数据的产生正在对移动网络设施提出更高的需求（见图 1、图 2 和图 3），而 5G 技术应运而生，其在数据传输速率、移动性、传输时延以及终端连接数量方面的技术优势将推动万物互联。

图1 物联网设备产生海量数据

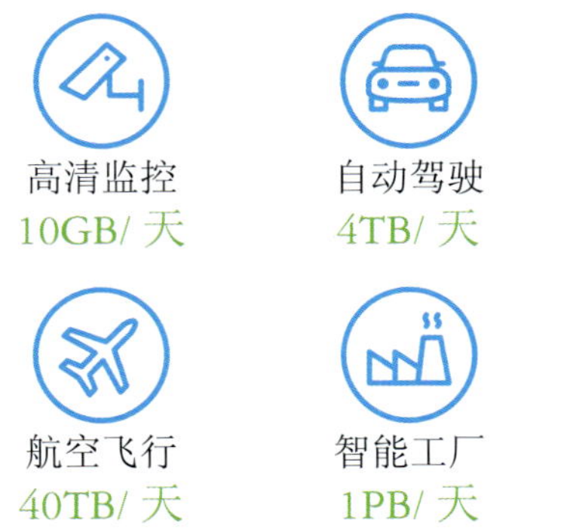

资料来源：GSMA、政府工作报告、IDC、中国信息化百人会、麦肯锡全球研究院、TalkingData、德勤研究。

图2 连接终端指数级增长

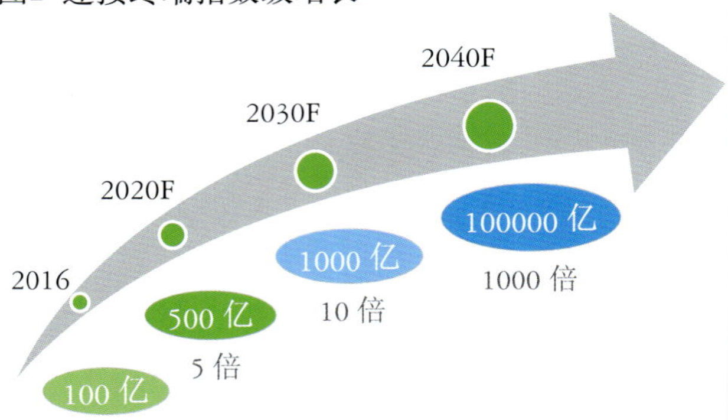

资料来源：IDC、德勤研究。

图3 5G的技术优势

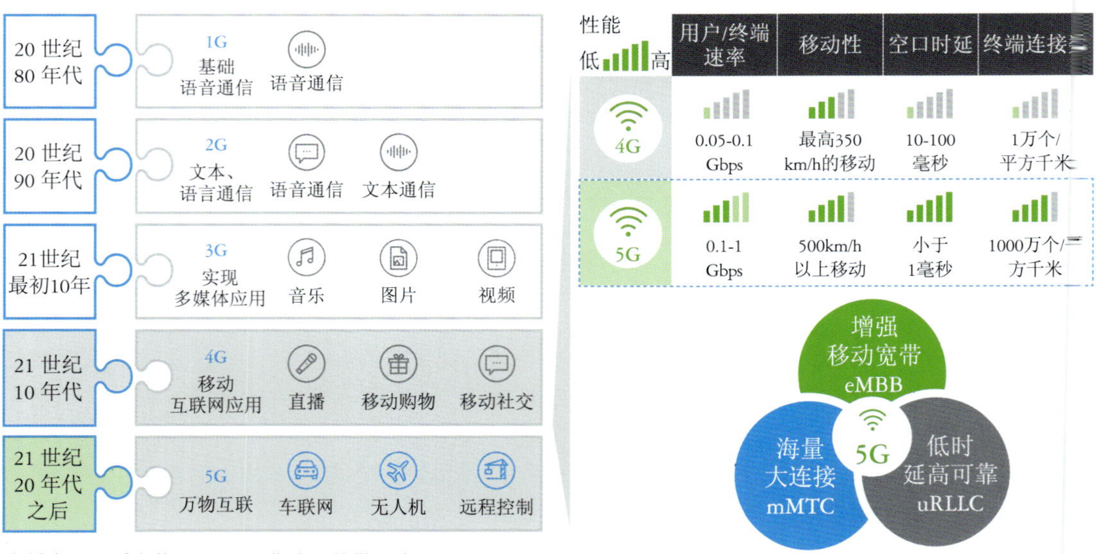

资料来源：爱立信、3GPP、华为、德勤研究。

（二）5G 投资的经济效应

2020-2035 年期间全球 5G 产业链投资额预计将达到约 3.5 万亿美元，其中中国约占 30%。与此同时，由 5G 技术驱动的全球行业应用将创造超过 12 万亿美元的销售额（见图 4）。

图4 2020-2035年全球5G产业链投资额

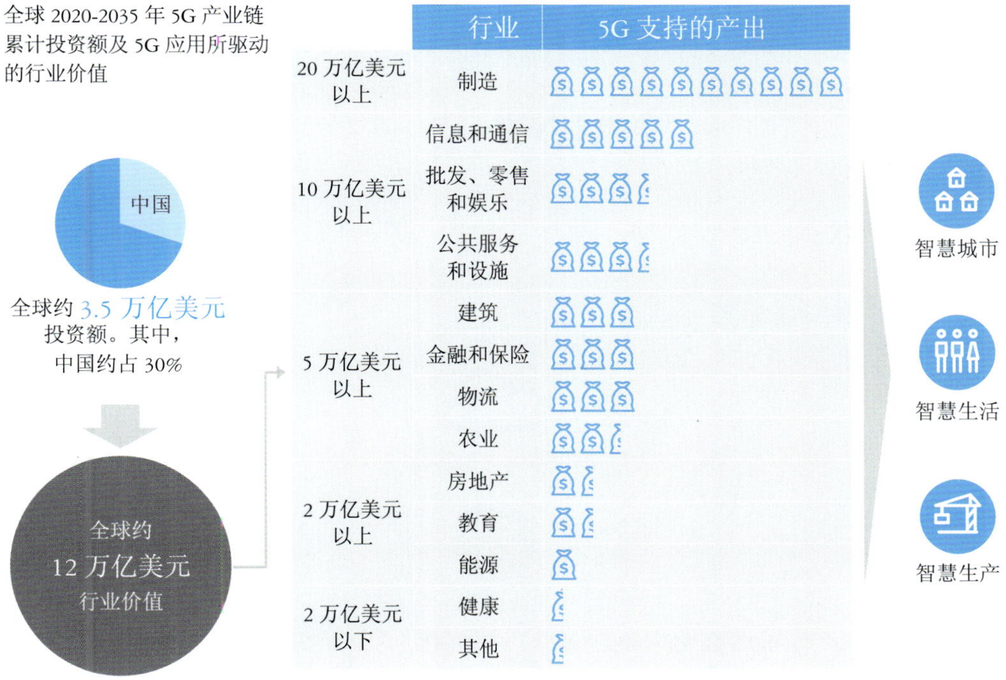

资料来源：IDC、德勤研究。

（三）5G 的应用场景

1.5G 在智慧城市中的应用场景及价值

智能电网

- 并网优化：5G 低延迟地将海量的分布式新能源发电参数及时传输至控制主站进行整合以完善并网系统。
- 精准负荷控制：根据用电终端负荷信息实时反馈进行电力切片，精准地控制不同用电需求，实现高效和错峰用电。

智慧安防

- 无人机安防巡检：巡检无人机实时传输数据至云端，辅助侦察。同时，对火灾等紧急情况进行巡检，做出实时预警。

智慧出行

- 高铁通信娱乐：时速达 350 千米 / 时，借助 5G 的高速率传输，实现高效通信和娱乐。
- 车辆编排行驶：第一辆车低延迟、高可靠地传输信息至后面的车队，在高速公路、隧道、港口等实现多任务并行。
- 远程驾驶：根据道路高清摄像头低延迟传回的实时图像来进行室内远程驾驶，可提供自由度更高的出行服务。
- 自动驾驶：5G 的低延迟和高可靠可支持全部形式的车对万物的连接（vehicle to everything，V2X），实现车辆自动驾驶。

举例来说，5G 将推动车联网及无人驾驶技术的应用，也将推动整车厂商业模式从汽车销售转变成出行服务提供（见图 5）。例如，共享汽车租赁、人车和车车互动的系统方案。

5G 带来的变革和价值体现在三方面。首先是生态圈的变化。在未来新兴的模式下，经销商的角色可能逐渐被弱化，电信运营商、人工智能厂商、物联网厂商、大数据厂商等将与整车厂一起，共同研发无人驾驶。其次是收入模式的转变。共享汽车将替代汽车销售和售后服务，新的收入模式将包括车辆生命周期管理服务按月租 / 年租支付，车载娱乐服务的内容和流量费用，无人驾驶服务使用费用。最后是关键竞争要素的变化。未来出行车辆本身将越来越标准化，其核心价值更多地体现在服务方面。例如，辅助驾驶功能、车载娱乐休闲功能、个性化软件服务，车企之间将围绕车联网的平台展开合作，实现互联互通。

图5 整车厂的商业模式

资料来源：公开资料、德勤研究。

2.5G 在智慧生活中的应用场景及价值

文化娱乐

- 沉浸式网络游戏：结合 8K 视频传输及 AR/VR，实现身临其境地参与网络游戏中人物的扮演，减少游戏的延迟度。
- 沉浸式教学：结合 8K 视频传输及 AR/VR，实现远程互动教学与体验式的教学场景。
- 赛事 360 度全景直播：结合 8K 视频传输及 AR/VR，实现大型体育、文化赛事的 360 度全景高清直播。
- 虚拟购物中心：结合 8K 视频传输及 AR/VR，实现在任何时间、任何地点的远程购物、试衣等。

智慧医疗

- 超级救护车：对超高清视频和智能医疗设备数据的传输，协助在院医生提前掌握车上病人的病情。
- 高阶远程会诊：通过传输的高清视频与力量感知及反馈设备相结合，为医生提供更真实的病况，为病人提供高阶会诊。
- 远程遥控手术：医生通过 5G 网络传输的实时信息，结合 VR 和触觉感知系统，远程操作机器人，实现远程手术。

5G 网络下，诊断和治疗将突破地域的限制，健康管理和初步诊断将居家化，医生与患者将实现更高效的分配和对接，传统医院向健康管理中心转型。5G 带来的变革和价值体现在医院运作模式的演变（见图 6）。

图6 5G技术下的智慧医疗

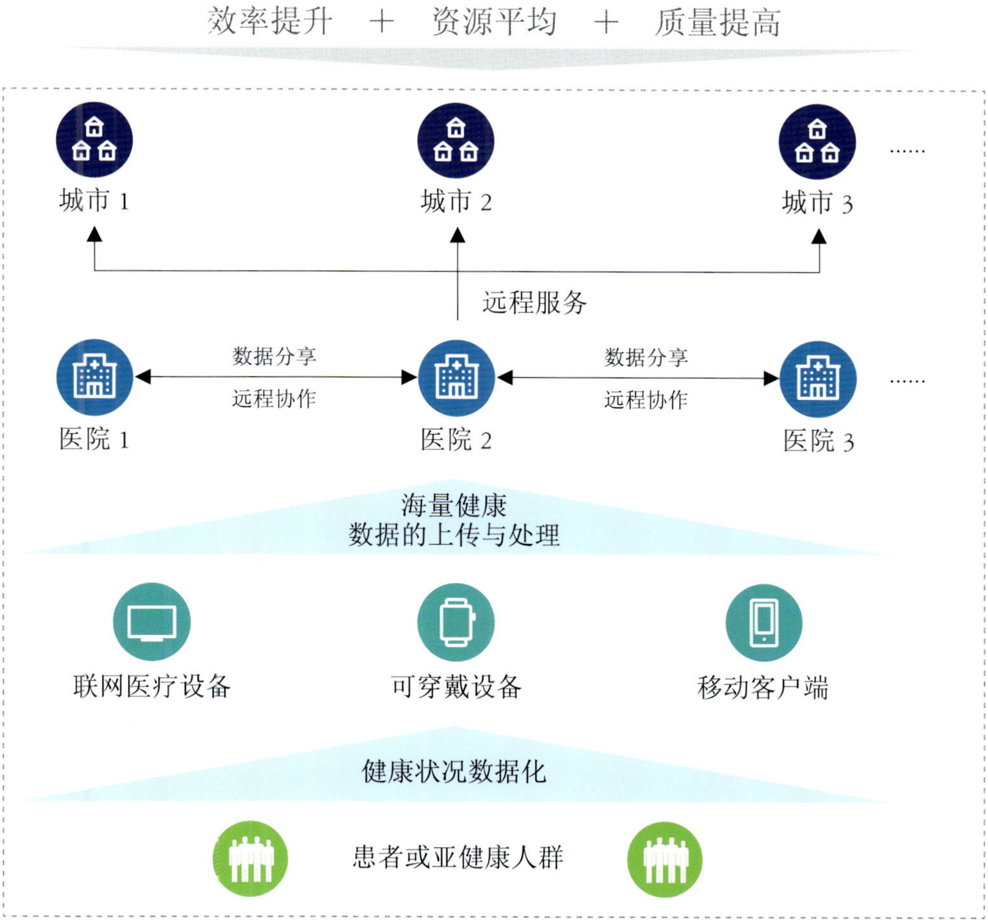

资料来源：公开资料、德勤研究。

- 从传统的疾病诊断和治疗延伸为健康管理。5G 的低时延和高可靠的特点能更好地支持连续监测和感官处理装置，支持医疗物联设备在后台进行不间断而强有力的运行，收集患者的实时数据。而数据正成为新型的医疗资本，基于此医院可以向健康管理服务转型，提供不同的远程服务，如日常健康监控、疾病预防减少医疗支出、初步诊断、门诊次数的减少、居家康复监测、减少医疗资源占用，等等。

- 个性化医疗服务，如定期的居家门诊、远程全球专家咨询、会诊等。
- 弱化地域的限制，增加就医渠道，实现医疗资源的共享。远程实时通信使得不同医疗机构之间形成互联，使得患者能够得到权威医生的远程诊断/会诊、远程手术/手术协助、术后康复支持等。
- 急救改善。5G 的高频率传输特点在未来将实现毫秒级传输速度。搭载 5G 网络的急救通信系统和影像诊断设备将更好地保证医院在患者到达前做好充分准备，从而快速投入抢救。
- VR 应用将提高手术成功率、改善医患关系。

3. 5G 网络在智慧生产中的应用场景及价值

智慧农业

- 智慧种植：5G 通过传感器实时监控湿度、光照等影响农作物生长的因素，将采集的数据上传至云端做出实时分析诊断，及时精确地操控农业设备自行灌溉、施肥。
- 智慧畜牧：5G 网络通过传感器，随时采集牲畜的生理状况、位置等信息，结合语音识别、图像分析、人工智能等手段监测分析其健康和安全。
- 无人机作业：农业植保无人机依托 5G 网络扩大飞行范围，进行大面积农作物护养，如喷洒种子、药剂等，还可以进行牲畜监控寻找等作业。

智慧工厂

- 大范围调度管理：5G 可以服务于港口、矿区等占地范围较大的区域，支持货物甚至运输设备本身的大区域智能调度。
- 多工厂联动：多家工厂之间的全面数据互联，打破信息孤岛，实现不同工厂之间、不同设备之间的数据交互链接。
- 远程作业：通过 VR 和远程触觉感知技术设备，遥控工业机器人在现场进行故障诊断、修复与作业，降低维护成本。

（四）运营商的角色改变

5G 时代电信运营商扮演的角色也在发生演变，除了提供 5G 设施和连接服务外，还将积极融入 5G 如何赋能下游应用的场景开发中，随着下游应用的成熟再驱动 5G 投资，构建商业闭环，5G 时代运营商扮演着以下三重角色。

- 铺设基础设施者：提供网络设施布局的基础设施，同时基于此操作，提供衍生的服务建议，如网络服务、平台服务等。
- 变现管道流量者：提供更高效、更便捷、更快速的连接服务。在提供高效的基础服务的同时，可为某些特殊行业客户定制化配置网络连接。
- 激发市场需求者：与第三方机构合作，共同为客户提供一体化服务的解决方案，或作为独立的第三方机构支持者，协助其向终端客户提供服务。

对于国内的运营商来说，4G 时代累计投资超过 3000 亿元用于基站建设，覆盖了 99% 的人口，但部分区域对 4G 网络的需求并不强烈，由于缺乏应用场景，导致目前运营商对 4G 的投入尚未收回。而单个 5G 基站的部署成本约为 4G 基站的 1.5 倍，5G 全覆盖投资规模为 4G 的 4 倍，故 5G 的投资将更强调精准化，也就是投资前要先评估下游应用的成熟度，是否存在明确的应用场景和业务模式，投入产出是否合理等。总之，5G 时代将驱使电信运营商的角色发生转变，除了作为资产提供者及连接服务者外，还要积极参与到5G赋能的下游应用场景开发中，并与第三方机构（垂直行业企业）合作，共同为客户提供一体化服务的解决方案，协助其向终端客户提供服务，形成良性的商业闭环（见图7）。

二、*技术合力构筑5G生态体系*

5G行业应用及其商业模式的演进或重塑并非单一技术所能实现，而需要与其他多项技术合力完成。除了5G网络设施的支持，行业应用的演进或重塑还需要依靠人工智能、边缘计算、视觉技术、传感技术等多项基础技术以及无人机、虚拟现实技术/增强现实技术、控制系统、监控系统等垂直行业解决方案一起合力完成。5G确保了各种技术所驱动的应用能够有机高效地整合在一起，发挥更加完整且智能化的作用（见图8）。

图7 电信运营商的角色转变

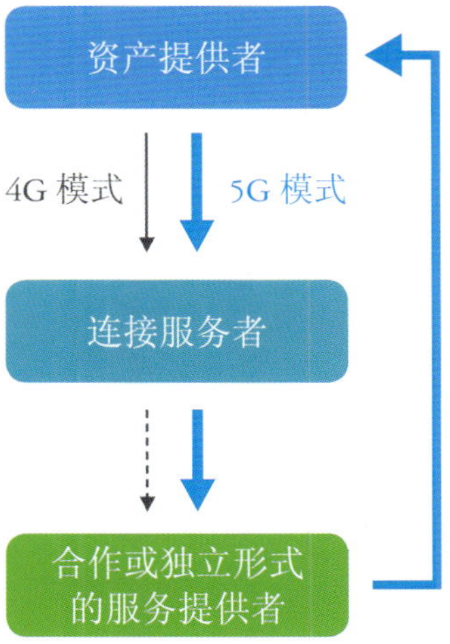

资料来源：NGMN、德勤研究。

图8 5G与各层级技术结合

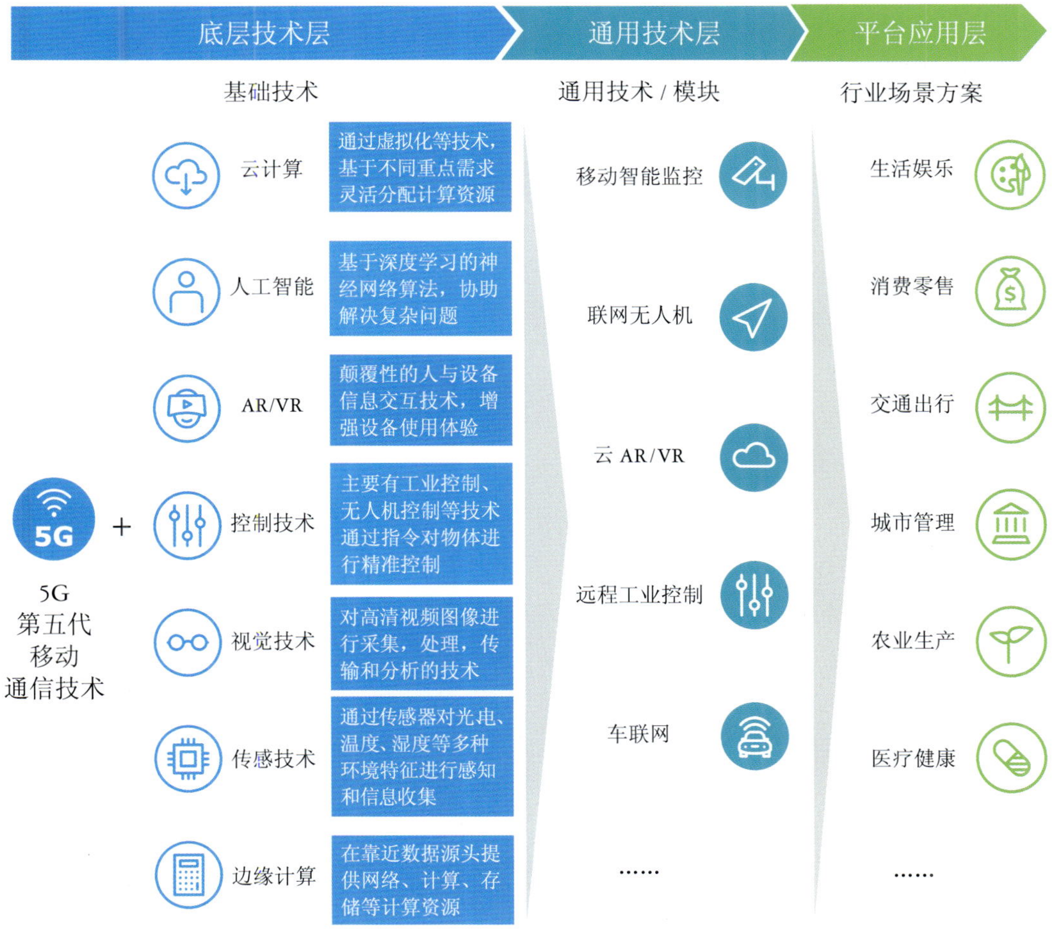

资料来源：德勤研究。

三、应用驱动 5G 网络部署

在应用场景选择方面，5G 小规模试点部署的优势首先将通过增强移动宽带体验的场景实现。例如，以人为中心的 4K/8K 视频、增强现实（AR）和虚拟现实（VR）技术带来的沉浸式娱乐消费。后期随着基站和下游应用终端数量的增加、场景对时延要求更加苛刻的新增需求明晰，运营商将转向关注低时延、高可靠的网络的建设，工业互联网的应用将使得 5G 价值得到充分发挥。

在建设区域选择方面，首先选择人口规模大、经济较发达的重点城市，城市内部则选择人口高密度区域以及核心应用场景进行小规模部署，随后围绕重点城市拓展场景和部署区域，并向其他城市的重点场景拓展。

5G 网络将在总体技术相对成熟、经济价值大的下游应用场景优先落地，随着时间的推移，更多的技术壁垒将被打破，5G 赋能下游应用带来的经济价值也将在更多场景凸显（见图 9）。

图9 各类应用落地时间线

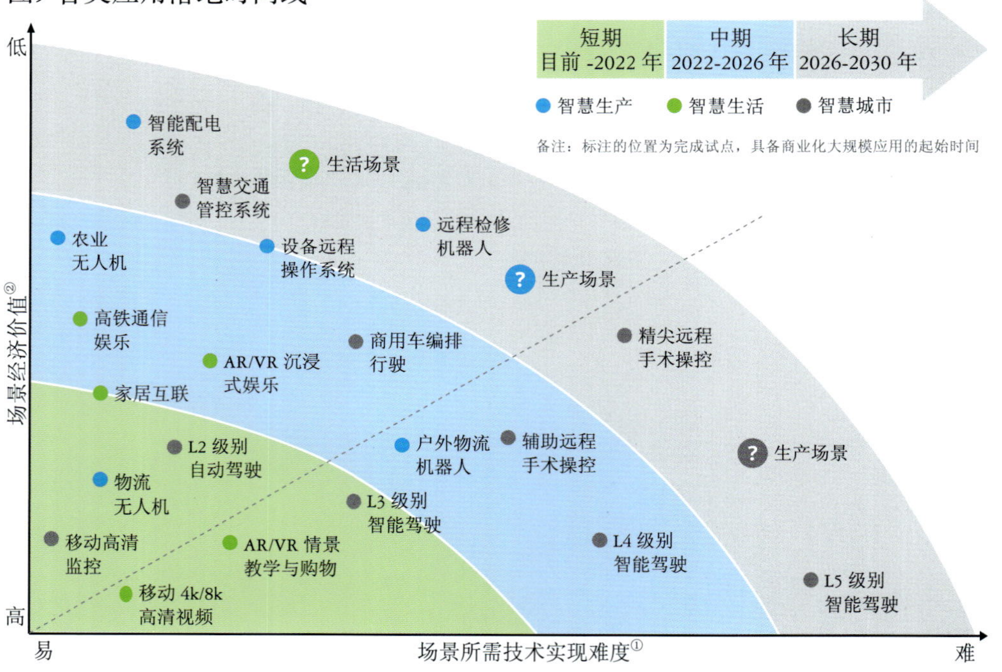

注：① 涵盖包含 5G 技术以及其他所需的基础技术实现难度；② 涵盖场景的市场规模及下游客户支付能力。

资料来源：德勤研究。

四、资本提升市场活力

5G 市场受到了资本市场的关注，当前投资热点集中在基础技术及下游应用，标的公司偏小型化。据不完全统计，2017 年 1 月至 2018 年 8 月期间共发生 200 多个投资案例，当前以人工智能、大数据、视觉技术等基础技术，智慧出行和智慧医疗等下游应用场景为投资热点。专业投资机构依然是资本运作中最活跃的参与者，由于行业尚处于发展的早期阶段，以风险投资基金对中小型初创公司的投资最为活跃。

5G 及相关技术对下游行业的赋能受到产业界和资本界的密切关注，多方资本合力打造垂直行业的 5G 生态体系。除了电信运营商外，传统 IT 厂商以及 CT 厂商围绕 5G 生态圈积极投资，合力探索和推动 5G 行业应用（见图 10）。此外，5G 产业也受到了国际大型私募股权投资基金的关注，德勤从中国和美国市场各选择了十大 VC 和十大 PE，研究其对 5G 的投资热点。

图10 5G投资主要参与方

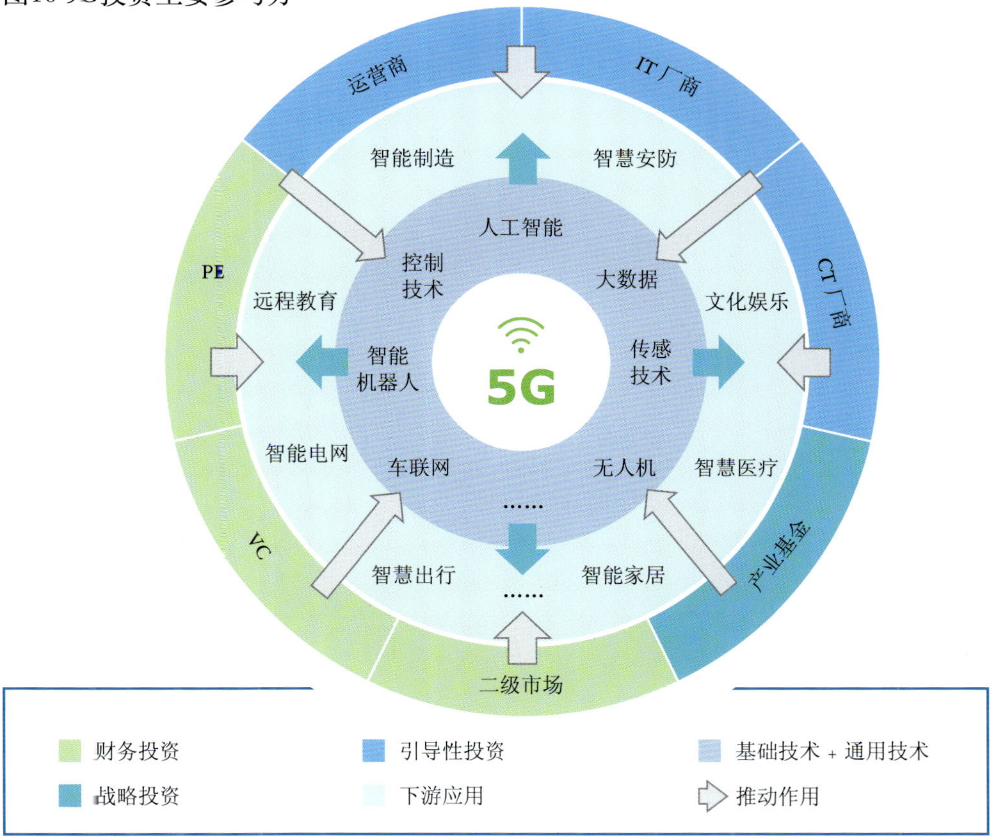

资料来源：Crunchbase、IT 桔子、德勤研究。

中国私募股权投资基金对 5G 相关产业的投资以基础技术为主，其次是下游应用。人工智能、大数据、视觉技术是基础技术的投资热点，智慧出行和智慧医疗是下游应用的投资热点（见图 11）。2017 年 1 月至 2018 年 8 月期间中国较为活跃的 20 家私募股权投资（含 VC 和 PE）对 5G 产业链的投资，共计发生了约 200 个投资案例。

图11 私募股权投资基金对5G相关产业的投资领域

2017 年以来中国 20 家私募股权投资基金对 5G 相关产业的投资领域细分（不完全统计）

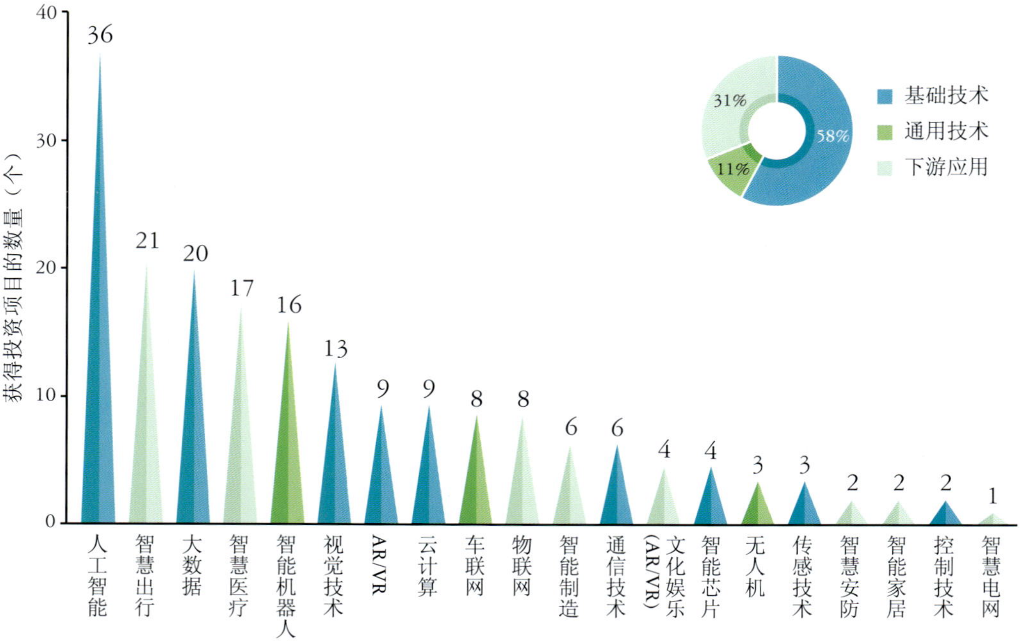

资料来源：IT 桔子、德勤研究。

五、5G 赋能 2022 年冬奥会

展望 2022 年，5G 网络支持下的 AR/VR、机器人、无人机和人脸识别等应用，将构建智能化、数字化冬奥会。 对于冬奥会，5G 网络的部署使得现场的观众能够通过刷脸进入会场并得到安全保护，通过 AR 设备体验园区的导览和赛事解说，场外的观众通过 VR 设备感受身临其境的比赛氛围。此外，后奥运时代，大数据的采集和分析将对未来运动赛事的举办提供重要参考。

（一）冬奥的 5G 应用

5G 结合 AR/VR 可在冬奥会实现 360 度全景直播，虚拟现实沉浸式体验，机器人裁判与多赛事切换，为游客提供更完美的观感体验。主要应用场景如下。

奥运赛事 360 度全景直播：赛场内不同的角落安装 360 度全景摄像机，配合转播服务商捕捉每个精彩的瞬间。通过 5G 高速率观众在家即可获得近乎比赛现场般的观赛体验，各种机位特写等通过 8K 高清视频捕捉和传输。

VR 沉浸式体验：在运动员的头盔上安装迷你 8K 高清摄像头实时回传数据至设备，可使观众身临其境地感受冰雪运动的高速度。通过 5G 的高速率和低延迟，观众可实现以运动员的视角观看比赛，实现身临其境的观感体验。

机器人裁判：赛场内配备电子裁判机器人，通过远程移动的机器人，结合人工智能，对比赛中的纠纷进行裁判，减少人为干预带来的偏见及误判。

多赛事切换：观众可在 2 楼的虚拟现实眼镜区，通过佩戴虚拟现实设备进行多场次比赛的同时观看，如可选择滑雪比赛，也可同时获取滑冰比赛信息，获得更多观赛乐趣。

5G 结合服务机器人、AR/VR 等技术，可为宾客提供场馆翻译、引导、定制化导游等服务，使游客观感体验最优化。

虚拟现实沉浸式体验：在前往赛场观看比赛之前，可通过虚拟现实眼镜进行足不出户“游览”，提前获得丰富的场馆信息以及所处城市的其他各方面信息，主办方也可以在其中加入合适的宣传内容，提升主办城市的整体形象。

增强现实场馆翻译与指引：增强现实眼镜可显现所设定语言的导航和场馆翻译，各国游客可实现在场馆内自由活动和参观。

服务机器人私人导游：各个赛点布置连接全方位服务机器人，随时随地为游客提供本地语言导览、饮食等服务。

刷脸检票：购票时通过网络上传人脸识别信息及其他身份信息至云数据库。当观众进入现场观赛时便可以通过 5G 网络实时核对人脸信息，实现刷脸入场。

5G 的普及应用可为冬奥会赛场内外提供更高效的安全防护及更智能化的调度。

反恐安防：通过无人机巡检和 8K 摄像头，实现赛场内外的实时远程监控，结合 AI 技术，进行可疑人员的人脸识别，异常行为动作识别，以防突发事件发生。

赛场医疗：无线急救的医疗设备可通过 5G 的移动网络，第一时间向运动员提供必要帮助。通过连接 5G 网络的可穿戴设备，可以实时监控运动员的状态，并传输至就近的医院。当运动员发生意外时，配备 8K 视频通信和医疗仪器的救护车可在车内完成必要的数据采集，确保运动员到达前医生已准备就绪。

场内交通：通过 5G 网络，对车辆进行实时调度，保证不同种类的车、人在场内有序地通行。通过无人驾驶巴士接送运动员、教练、观众等进入赛场。

物流配送：赛场内外部署无人机运输站点，在生活区域为运动员提供日常用品的无人机精准配送。

（二）后冬奥时期 5G 的价值

5G 赛后的基础设施沿用及大数据价值，也可为行业带来可持续性的商业回报，推动智慧城市的发展。

基础设施的沿用：对运用在奥运赛场上的基础设施，在后奥运时期实现再沿用，主要分为两种情景——场馆内部（未来举办大型的文化赛事）和日常生活行业的下游应用。

大数据背后的价值：在赛场中，可通过设备采集的信息，不断收集特定数据，进行人工智能的处理、分析和返回信息，向行业的应用者提供个性化的服务，同时提升为社会大众的日常生活提供相关服务的能力。

周锦昌 | 德勤中国科技、传媒和电信行业领导人 tbzhang@deloitte.com.cn
林国恩 | 德勤中国电信、传媒及娱乐行业领导人 lydchen@deloitte.com.cn
濮清璐 | 德勤中国 5G 行业领域专家、财务咨询总监 alarli@deloitte.com.cn
钟昀泰 | 德勤研究科技、传媒和电信行业研究员 rochung@deloitte.com.cn

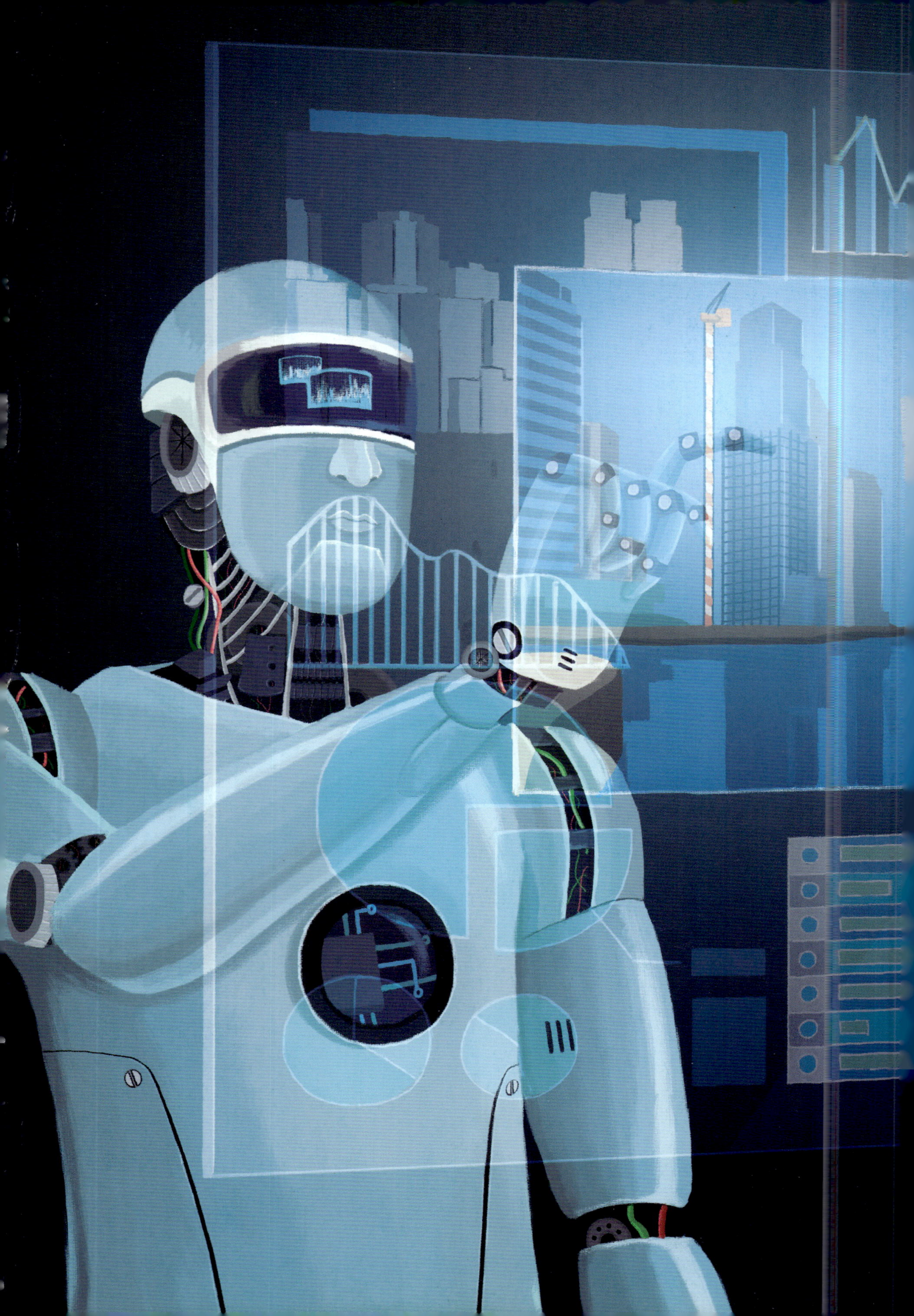

AI 能够释放出城市真正具备的价值与潜力，甚至将重新定义城市间的竞争力版图。德勤通过深入解析推动 AI 发展的关键要素，建立了城市 AI DNA 指数，帮助中国城市找出自身的优势或短板，找到适合自身特点的发展路径。

AI来临：重构城市DNA

文/ 马炯琳 丁 洁 吴燕子

作为影响面广的颠覆性技术，人工智能不仅是城市经济发展的新引擎，也是社会建设的新机遇。因此，AI 其实是一个“城市赋能器”，将深度重构城市的 DNA。

一、*AI 将如何影响你和你的城市*

2016 年 3 月，李世石与 AlphaGo 的大战将人工智能带到了大众面前，瞬时引起全世界广泛的讨论。而紧随其后的一系列人工智能在行业中的真实应用案例，在全球范围掀起了人工智能产业发展的新浪潮。人们越来越坚信，未来人工智能将无处不在，将全方位地深刻渗透至人类社会和生活的每一个角落。在此背景下，全球和我国对人工智能产业均极为重视并出台了详细的战略规划，将人工智能列入国家战略重点发展领域（见图 1）。

图1 全球和我国对人工智能产业的战略规划

世界强国：高度重视人工智能，提出国家级的战略规划与细项政策

美国
- 2015年以来，美国白宫科技政策办公室连续发布《为人工智能的未来做好准备》《国家人工智能研究和发展战略计划》和《人工智能、自动化与经济报告》3份重量级报告
- 推动成立了机器学习与人工智能分委会（MLAI），专门负责跨部门协调人工智能的研究与发展工作

欧盟
- 2013年初，欧盟宣布了未来十年的新兴旗舰技术项目——人脑计划（HBP），计划开发出第一个具有意识和智能的人造大脑
- 法国在2017年发布《人工智能战略》，旨在把人工智能纳入原有创新战略与举措中，谋划未来发展

日本
- 政府高度重视人工智能的发展，将物联网（IoT）、人工智能（AI）和机器人作为第四次产业革命的核心
- 在国家层面建立了相对完整的研发促进机制，并将2017年确定为人工智能元年

我国：将人工智能列入国家战略，并已发布具体的三年行动计划

中国

随着我国对提升生产力的要求越发迫切，2017年我国正式将人工智能列入国家战略，将人工智能产业的发展推向了新的高度

2017年7月 国务院发布《新一代人工智能发展规划》
提出“万亿AI产业”的概念，要求“到2030年使中国人工智能理论、技术与应用总体达到世界领先水平，成为世界主要人工智能创新中心”，着力抢占人工智能全球制高点

2017年10月 党的十九大报告进一步强调人工智能的重要性
十九大提出，推动互联网、大数据、人工智能和实体经济深度融合，加快与经济社会各领域渗透融合

2017年12月 工信部正式启动《促进新一代人工智能产业发展三年行动计划（2018-2020年）》
以信息技术与制造技术深度融合为主线，明晰了中国发展人工智能产业的细项路径和资源支持

作为影响面极为广泛的颠覆性技术，人工智能已快速渗透到城市发展和人们生活的方方面面。德勤认为，对于城市而言，人工智能不仅将成为城市经济发展的新引擎，同时也是城市建设的新机遇。面向未来，人工智能将成为我国城市发展的新焦点。

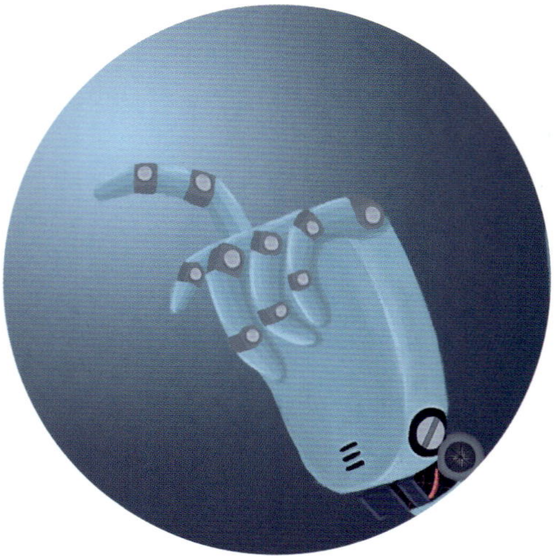

（一）未来已来，颠覆在即

事实上，人工智能并非一个新鲜的词汇，人工智能概念最早形成于 20 世纪 50 年代，在过去 60 多年里经历了三起三落。受益于近年互联网、云计算和大数据技术的成熟，在解决了数据、算法和计算力三大难题后，人工智能才真正

实现了从 0 到 1 的突破，进入新拐点阶段——专有人工智能阶段（NAI）（见图 2）。

图2 人工智能发展阶段

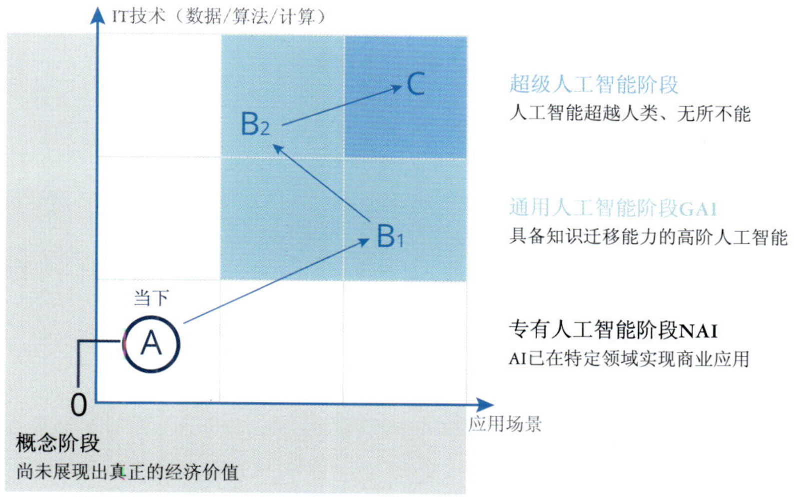

未来阶段 B1/B2：中长期随着显著科技突破，将进入通用人工智能阶段（GAI）。人工智能技术取得显著突破，如自然语言处理技术可以即时完全理解类人对话，甚至预测出“潜台词”。在技术创新的领域，现有的应用向纵深拓展，价值创造限制在技术取得突破的领域。

未来阶段 C：最终将进入超级人工智能阶段。人工智能的技术取得显著突破，应用范围显著拓宽，人机完全共融，人工智能全面超越人类，无所不在，且颠覆各个行业和领域，创造极高价值。

在 IT 技术和应用场景互为推动的情况下，当前人工智能正处于从专有人工智能（NAI）向通用人工智能（GAI）发展的过渡阶段。近年来 AI 已不断取得令人惊喜的新应用成果，在各类应用场景中展现出巨大的潜在价值，但我们认为 AI 的潜力远不局限于此。未来随着基础算法和算力取得进一步突破，AI 可服务的场景将大幅增加，人工智能创造的价值将呈指数增长，最终迈入超级人工智能阶段——人工智能将不再局限于模拟人的行为结果或作为人的协助者，而是为我们所生活的世界带来颠覆性改变，重新定义我们的生活方式（见图 3）。

图3 人工智能价值的进阶

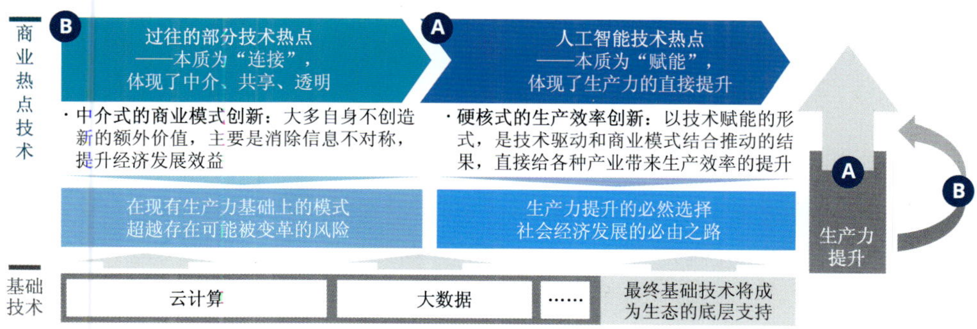

（二）AI 赋能，重构城市

德勤认为，AI 是一个“城市赋能器”，将从经济发展及城市功能等多方面深度重构城市的DNA。从城市发展趋势来看，以下五大要素将成为未来新一轮城市发展阶段的关键，而人工智能将成为关键破题点。

1. 新产业——创新与经济发展

德勤认为，人工智能将成为城市产业发展的重要驱动力，主要通过三种模式路径实现。

(1) 核心硬件产品的突破升级。对人工智能而言，算法是核心，数据是基础，算力则是满足海量数据的运算需求的重要支撑。当前主流的传统 CPU 处理器（X86、ARM 等）在骤然爆发的数据洪流面前已无法满足海量数据运算的计算需求，因此核心硬件设备的突破升级将成为赢取市场的核心。全球科技巨头纷纷大力谋求该领域的突破，如全球图形处理器生产巨头英伟达正在向人工智能服务器供应商转型，Google 已宣布正在为人工智能研发专门的芯片 TPU。

(2)“人工智能 +”产业融合应用，重塑产业链。AI 技术的突破发展正在重塑各行业的产业链，从原材料采购，到设计、生产，AI 技术有能力深入各个环节，极大地提高生产效率。

(3) 助力基础科研突破，打开全新市场空间。如今传统的研究工具越来越无法满足科学研究者的需要，而人工智能则能够在极短的时间之内查阅海量的数据、识别重点内容，未来在生物医药、有机化学等基础科研领域，AI 将大大加速研究进程，帮助人类实现重大科学前沿问题的突破。

2. 新业态——消费与文化体验

人工智能技术正在重建人们的消费、休闲和娱乐方式，当人工智能与传统行业及商业相结合，将提升商业运营效率及用户服务体验。

(1) 提升商业运营效率。在 AI 技术的推动下，“无人商店”的探索已经取得实质性进展。2017 年，无人便利店品牌“缤果盒子”提出了人工智能革新方案，其新推出的收银台使用图像识别、超声波、传感器等多重交叉验证，准确率可超过 99.9%。

(2) 提升用户服务体验。不久前阿里巴巴在香港推出全球首家人工智能服饰数字化概念店 FashionAI，首次运用 AI 技术为消费者提供丰富的、多维度的个性化消费体验。FashionAI 概念店以智能镜作为整个消费流程中的核心交互，并为每一件服饰配备安装了陀螺仪、Lora 芯片以及 RFID 芯片的多功能智能锁扣，保证了极致的试衣体验。

3. 新需求——宜居与生活品质

从城市公共服务来看，人工智能技术的引入有望解决传统政府庞大的等级科层产生的效率缓慢、机构臃肿、部门协调和公共服务缺乏精准化等不足，从而提高服务效率，感受宜居生活品质，提升城市居民的幸福感。当前人工智能在智能交通、智慧教育等方面已经实现了初步的应用，智能化手段的介入将提升城市公共服务的“温度”，在城市治理、交通调度、司法等领域成为提升城市宜居性及居民生活品质的强大助手。

4. 新技术——信息与技术运用

人工智能作为智慧城市的城市大脑，需要“智慧的眼睛”与“智能的手脚”共同实现智慧城市的有效运作。“智慧的眼睛”是指部署在城市各处的智能前端设备、视觉传感器等，充当观察整座城市的“眼睛”，为城市大脑的决策者提供必要的信息。“智能的手脚”是指城市大脑的应用层，主要体现于城市服务、城市治理的各个环节，包括运用到各类行业 B 端和 C 端的各个应用层面（政务、金融、安防、交通、零售、物流等各个领域）。

5. 新治理——自然与生态环境

在城市化进程中，环境问题始终困扰着城市的发展，尤其是我国的环境问题日益突出，在一定程度上限制了经济的发展，如何有效解决环境问题已经成为社会一致关注的热点。例如，科技巨头谷歌使用一款名为“DeepMind”的人工智能平台来预测其数据中心何时会过热，冷却系统只有在需要时才会被激活。人工智能减少了谷歌服务器群组 40% 的能源消耗。

二、积极拥抱 AI，重构城市 DNA

AI 能够释放出城市真正具备的价值与潜力，甚至将重新定义城市间的竞争力版图。AI 对城市的影响及变革如此深远，因此，每一座城市都应该积极拥抱 AI，抢占发展先机。同时，由于人工智能对城市的影响如此之大，使得城市在发展人工智能时也拥有了更多的路径及选择。那么，城市应如何拥抱 AI 呢？

德勤通过深入解析城市推动人工智能发展的关键要素，建立了城市人工智能发展情况的评估体系——城市 AI DNA 指数，用以评估城市当前人工智能的发展情况及潜力。城市 AI DNA 评估体系不仅是一个打分排名的工具，更是城市对其自身人工智能产业发展的检验工具。应用这一评估体系，城市可以找出自身的优势或短板，找到适合自身特点的发展路径。

（一）城市 AI DNA 指数

该指数包括三大指标体系，分别为创新及研发能力、基础设施实力和 AI 技术的应用前景（权重分别为 50%、35% 和 15%），并在此基础上构建了衡量城市人工智能产业竞争力的五维雷达图，即创新、人才、基础技术、数据开放和商业应用（见图 4）。

图4 城市AI DNA指数的指标体系

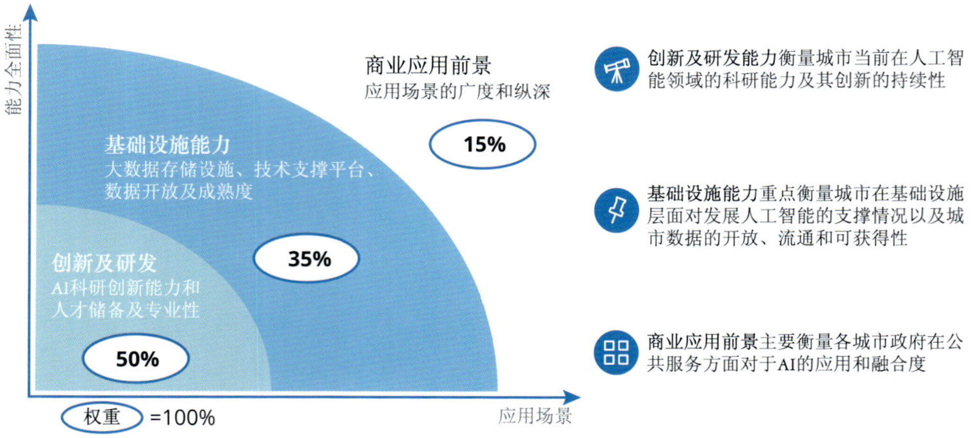

1. 核心能力创新是 AI 产业之根本

我们认为提升核心领域的创新能力是 AI 产业发展的关键，包括机器学习及其子领域深度学习等核心算法理论的完善和改进，感知、认知层面关键共性技术的突破，高性能低功耗的 AI 芯片的开发和设计等。具体通过 AI 专利数、论文引用次数、共性技术研发平台、区域 AI 企业数量等细分指标来衡量。

2. “物理引擎”是 AI 产业的基础支撑

人工智能是一项系统创新，其发展和演进离不开大数据、云计算等产业的助力。例如，语音、图像和视频分析等 AI 技术需要海量的公共数据库和标准测试数据集来训练模型，需要能够满足深度学习等运算需求的超级计算中心、提供分析处理存储的云服务平台等，这就意味着企业所在城市必须建立起足够强的基础硬件能力对产业发展给予支撑。

3. AI 产业“应用为王”

光靠技术进步很难推动 AI 产业前进，必须结合实际场景。城市是 AI 技术的最大应用载体，政府则是 AI 产业发展初期最大的需求方和采购方，因此 AI 技术与实体经济的融合度以及在各行各业的应用边界，决定了城市 AI 产业的商业化能走多远。

（二）我国主要城市的 AI DNA 指数图谱

我们重点对全国 15 个大中城市进行了系统分析，判断目前各城市人工智能发展的现状及潜力。同时，我们根据各城市人工智能发展的特点，总结出了四种“原型”，并通过识别各类型中的领先城市，为各类型的城市提供借鉴及参考（具体城市排名见附表）。

第一种，全面领先型，以北京、上海、深圳为典型代表。这些城市的人工智能产业综合实力强、发展全面，拥有扎实且深厚的创新研发基础和人才储备，在关键通用性技术和基础设施上都有较好的支撑。更重要的是这些城市创新创业基础深厚，集聚了全国最优质的创新要素，对于 AI 促进新经济的诉求强。

第二种，应用驱动型，代表城市为武汉、杭州、成都。相较于领先型城市，应用驱动型城市尽管综合实力稍逊，但近几年差距不断缩小，而且政府在人工智能产业的顶层设计、创新主体的引导、投融资产业环境的打造以及人才的吸引方面都给予了较大的支持力度，成为继领先型城市之后人工智能产业发展最具潜力的城市。

第三种，异军突起型，这类城市的代表是贵阳、哈尔滨、南京、青岛。其最大的特点在于单一领域的发展尤为突出，如贵阳是所有样本城市中在“数据开放”一项上取得最高分的城市，超越上海和北京，但其创新力薄弱和专业人才匮乏的问题也同样突出。

第四种，后来居上型，最抢眼的城市为苏州、天津。这些城市缺乏专业人才和核心技术的加持， AI 技术的商业落地也相对滞后，但其发展人工智能的最大优势在于政策红利，政策体系的完善性及可操作性、财政支持力度成为这些后来居上型城市人工智能产业发展的最大驱动力（见表 1）。

表1 不同原型城市人工智能指数得分

原型	典型城市	创新能力	人才供给	基础技术	数据开放	商业应用
全面领先型	北京	92	100	100	77	100
	上海	71	80	100	91	100
	深圳	66	39	90	64	90
应用驱动型	武汉	49	51	80	77	80
	杭州	55	45	60	45	80
	成都	53	54	60	47	60
异军突起型	哈尔滨	36	33	60	77	60
	南京	55	52	70	14	70
	贵阳	12	14	65	93	65
后来居上型	重庆	38	34	60	33	60
	苏州	35	24	40	15	40
	天津	45	33	20	<1	20

■高 ■高 / 中等 ■中等 / 低 ■低

1. 全面领先型城市：北京——发展最全能且创新基础强

北京人工智能产业的优势体现在其全面的产业指导政策、优质的学术和人才资源、活跃的创业和创投环境，以及实力强劲的软硬件产业基础。我们认为，北京的核心竞争力在于其创新资源的集聚和强大的产业生态。

图5 北京AI DNA指数

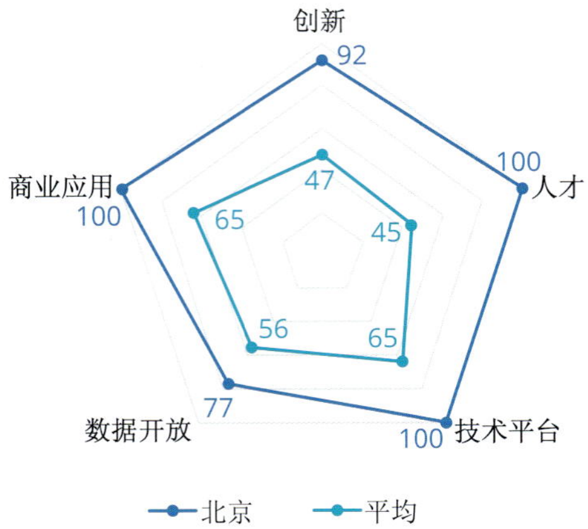

全国超过一半的人工智能骨干研究单位都聚集在北京，建立了模式识别、深度学习等关键技术相关的国家级重点实验室。全国AI人才最集中的雇主中，北京的高校占据三席。此外，北京拥有千余家人工智能企业，占全国AI类企业总量的26%，其中获得过风险投资的人工智能企业431家（含12家上市公司），占全国总量的35%。而北京人工智能专利数量则超过2.5万件，尤其在算法技术层面，处于全国领先水平[1]。

在同产业的融合中，北京依托优势产业，重点聚焦医疗、零售、智慧城市和无人驾驶等领域。在AI技术渗透的纵深上，北京则呈现“梯级递进”的特点。以交通领域为例，从浅层的高速公路车辆身份识别，到城市智慧交通系统下的车辆精准感知和交通信号灯优化，再到更高层的智能网联和无人驾驶，北京AI技术的应用最为立体和全面，也为其他城市在AI技术的落地和商用方面提供了模式和路径。

北京在AI技术典型应用场景之一——无人驾驶领域拥有全国领先的研发实力和产业链布局，尤其在深度学习算法、视觉识别、语音识别、AI芯片等领域，汇聚了一批全国领先的初创企业和研究机构。其中包括主攻视觉识别的初创企业商汤科技，该公司研发的视觉算法模块已经在辅助驾驶系统中实现商用，并开始为更高级别的自动驾驶技术提供技术支持。地平线、寒武纪等芯片企业则相继推出了针对L2级及以上的自动驾驶应用场景的AI芯片，为车辆提供更强的感知计算能力。近几年，深度学习算法模型的优化、特定场景计算能力的突破是推动中国自动驾驶产业突飞猛进的重要原因。

总体而言，科研能力、人才的集聚、紧密的产学研生态体系等优势决定了北京将长期处于人工智能产业发展的排头兵位置。

2. 应用驱动型：杭州——商业化先行

图6 杭州AI DNA指数

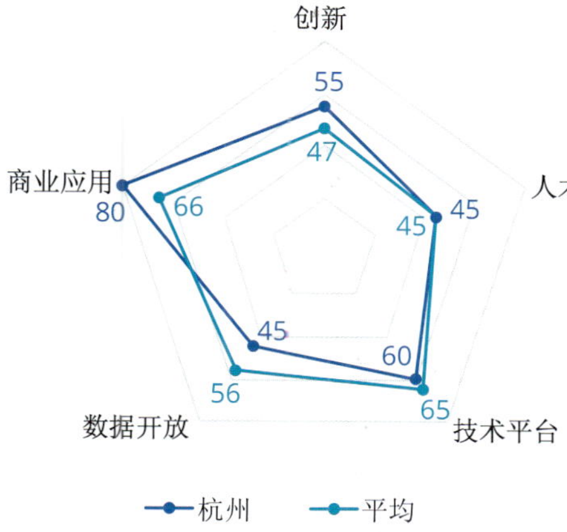

杭州是近几年人工智能产业发展增速最为瞩目的城市之一，其最大的特点在于以龙头企业为依托，借助创新创业的土壤以及较为完善的资本环境，促进人工智能产业较好地同产业融合，并发挥政府在促进应用转化方面的作用，确立了杭州在人工智能技术产业化中先锋城市的定位。

尽管在研发资源、人才储备、数据基础设施、技术平台等领域稍逊于北京、上海等领先型城市，但杭州是最早的一批在城市管理中率先引入人工智能技术的城市之一，而且是在全国政策文件、产业规划、配套措施都还未及时跟进的背景下。选择将城市交通作为切入点，2016 年杭州市政府宣布和阿里巴巴 ET“城市大脑”合作，率先在萧山区试验交通信号灯优化、事件报警、特种车辆优先调度等功能。

2017 年“城市大脑”上线新的实时视频分析人工智能系统，并开始接入杭州城区各个道路监控摄像头，2018 年 6 月已覆盖杭州 43% 的道路范围。新系统借助深度学习、视频识别、云计算、物联网等技术，能够感知和分析车辆、行人的行径状态和轨迹，实现监控机自动巡航，逐步取代传统的以路面警力为主体、人工后台查看监控为补充的交通巡逻方式[2]。

截至目前，“城市大脑”构建了杭州全市动态交通信息平台，实现市民出行量、交通安全指数、报警量等实时数据的可视化。未来，“城市大脑”还将延伸至杭州的医疗、安防、城管、环保等领域。

在此期间，杭州政府也着手完善其在顶层设计、产业配套、资本支持等领域的不足。杭州在专业人才、共性技术、基础平台等不占优势的情况下，走出了一条“以应用驱动技术进步”的产业发展路径，并在积累了大量应用场景开发经验和技术沉淀后，反过来推动基础研究、技术研发的完善和突破，形成良性产业闭环。该模式也为后续城市提供了一定的借鉴意义。

3. 异军突起型：贵阳——数据驱动

贵阳进入前 15 名并成为“异军突起型”城市代表的一个关键考量因素在于，作为大数据之城，贵阳展现出全国领先的数据开放能力和完善的数据服务产业链，这成为其后发至上的重要筹码。

对人工智能产业而言，大数据是基础，机器学习需要输入大量的训练数据，从而改进算法、优化模型。正如人工智能领域专家吴恩达所描述的，“数据是人工智能

图7 贵阳AI DNA指数

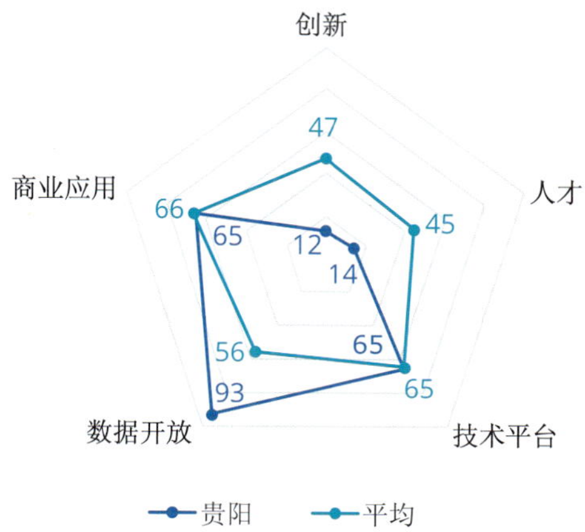

的燃料，如果只有很大的引擎（算法）而没有充足的数据作为燃料，人工智能这艘火箭是无法实现腾飞的”。

贵阳的优势在于其数据的丰富度和开放性上。供给层面，贵阳政府打造的开放数据平台，为全国其他城市探索公共数据的开放和价值释放起到了较好的示范作用，其政府数据平台在开放数据总量、数据维度、多样性、开放格式、可获取性等方面都领先于全国[3]。

流通层面，贵阳是全国首个成立大数据交易所的城市，极力推动政府数据的政用、商用和民用。另外，在保障数据采集、加工、运算、存储方面，贵阳也具备实力强劲的基础网络能力。三大运营商均在贵阳建立数据中心，聚集了百万台服务器，数据存储规模达到 EB 以上，并有望发展成为集合千万服务器集群的数据中心基地，这些都为人工智能所需的运力提供了物理支撑。

但也必须认识到，尽管在单一领域实力突出，贵阳在创新研发、智力资源、产业基础等方面仍存在明显短板。例如，在 AI 相关专业人才、科研机构、专利数、论文引用数等衡量基础创新能力的指标上，贵阳处于分析样本企业中的后几位，而且短期内很难缩小同第二、第一梯队城市之间的差距。政府对于产业发展的前瞻性、政策支持力度、产业链的集聚、人才的吸引等方面，都不具备较大竞争优势。

4. 后来居上型：苏州——政策引领

这一原型城市的特点在于，地方政府密集出台了多项政策文件支持人工智能产业的发展，并且以财政或产业基金等形式给予较高的资助力度。此外，当地传统产业转型升级对于发展 AI 技术拥有较迫切的需求。

图8 苏州AI DNA指数

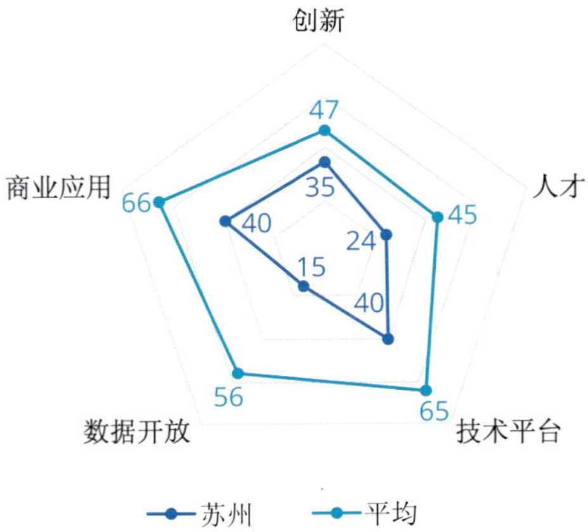

苏州最大的优势在于其产业规划的高度、扶持力度和政策的可执行度。2017 年 3 月苏州工业园区率先出台《人工智能产业发展行动计划（2017-2020）》，该行动计划确立了立体的政策推进体系。另外，苏州政府还承诺在未来三年提供 15 亿元以上的财政资助，并设立和引入 200 亿～ 300 亿元级别的产业基金，打造当地的人工智能龙头企业。在我们的评价体系“创新研发能力”下的二级指标财政科研投入上，苏州市财政性科技支出占其公共预算的比重达到 5.9%[4]，位居样本城市中的首位。在另一个二级指标“产业相关基金规模”上，苏州则和天津一起并列第一。

凭借较强的政府推动力，苏州吸引了国内领先的人工智能相关实验室、科研院所和龙头企业研发机构的落户，这为其提升基础研发能力、技术的应用开发和转化等提供了良好支撑。

作为制造业重镇，苏州发展人工智能产业的另一大优势在于其较强的下游应用驱动需求。苏州工业园区发展人工智能产业的目标很明确，即利用人工智能推动区内制造企业智能化改造提升。例如，目前入驻苏州工业园区的人工智能企业中，近 1/4 从事智能机器人研发，近 1/5 的企业从事人工智能在各应用领域的解决方案集成[5]，尤其聚焦制造业的智能改造，一批 AI 企业以工业 4.0、智能工厂系统为主要试点方向。

密集的产业政策和应用需求的推动，帮助后来居上型城市克服其在创新、人才、基础设施资源等方面不足的发展瓶颈。

附表 城市AI DNI指数排名

排名	城市	得分	排名	城市	得分
1	北京	94	9	南京	47
2	上海	82	10	青岛	40
3	广州	64	11	贵阳	38
4	深圳	63	12	重庆	36
5	武汉	58	13	苏州	29
6	杭州	56	14	天津	29
7	成都	53	15	济南	26
8	哈尔滨	48			

马炯琳 | 德勤中国政府及公共事务行业主管合伙人 clarma@deloitte.com.cn
丁 洁 | 德勤中国政府及公共服务行业管理咨询总监 jieding@deloitte.com.cn
吴燕子 | 德勤研究汽车行业研究员 zwu@deloitte.com.cn

尾注

1. 《北京人工智能产业发展白皮书》（2018 年）。
2. https://www.leiphcne.com/news/201804/A0l2DFKjX2RVXN6O.html.
3. 《2018 中国地方政府数据开放报告》。
4. 2016 年数据，数据来源于新一线城市研究所《2017 中国城市创新力排行榜》。
5. http://www.goemex.com/dhzx/info_20.aspx?itemid=448.

中国已进入科技发展的大时代，在这一进程中，德勤从企业的视角分析高科技企业如何应对人才管理、运营管理、发展战略与风险管理等四方面挑战，帮助企业从高成长的优秀“独角兽”成长为卓越的“千里马”，实现企业进阶。

“独角兽”到“千里马”——从优秀到卓越

文 / 周锦昌　赵锦东　李美虹

近年来，中国科技实力大幅增强，已成为具有全球影响力的科技大国。根据公开资料显示，截至2018年上半年，我国“独角兽”企业数量已达到155家，超过美国的125家。中兴、华为在全球PCT专利申请量最多的公司中分别高居第一、第二位。与此同时，中国科技企业在智能终端、无人机、电子商务、云计算、互联网金融、人工智能等领域崛起一批具有全球影响的创新型企业。5G的到来，更将我们全速带入万物互联的发展进程中。中国已经进入科技快速发展的大时代。

为了持续跟踪和研究科技企业的发展动态，德勤推出了“高科技高成长50强”评选项目（以下简称“德勤50强”），旨在发现和表彰全球范围内高速成长、持续创新的卓越企业。德勤50强于1995年创办于美国硅谷，于2005年进入中国，每年在全球数十个国家同步举行，被誉为“全球高成长企业的基准”。该评选项目将企业过去三年收入增长率（第一年营业收入要不少于100万元人民币）作为评比指标，每年评选出50家增长最快的企业，给予鼓励并追踪研究。2018年德勤更加关注快速成长的科技企业如何实现进一步的持续性创新发展，完成从优秀到卓越的目标。德勤通过对高成长企业首席运营官的问卷调查和访谈分析，发现高成长的科技企业在发展过程中的挑战主要来自四个方面：人才管理、运营管理、发展战略与风险管理。

一、人才管理：人才战略怎样落地

人才是企业发展的重要基石，人才队伍的建设为企业未来的发展奠定基础。无论时代如何演进，人才的选取、培养、组织以及留任等问题始终是企业最关注的问题。在人才管理方面，德勤发现多数50强的科技企业更加关注领导力建设，特别在领导人才培养与继任以及投资人才战略方面进行加强（见图1）。此外，高成长企业在人才战略方面存在提升绩效管理、建立新型组织模式、增强人才需求预测能力等亟须解决的问题。

图1 人才管理相关调查问卷部分

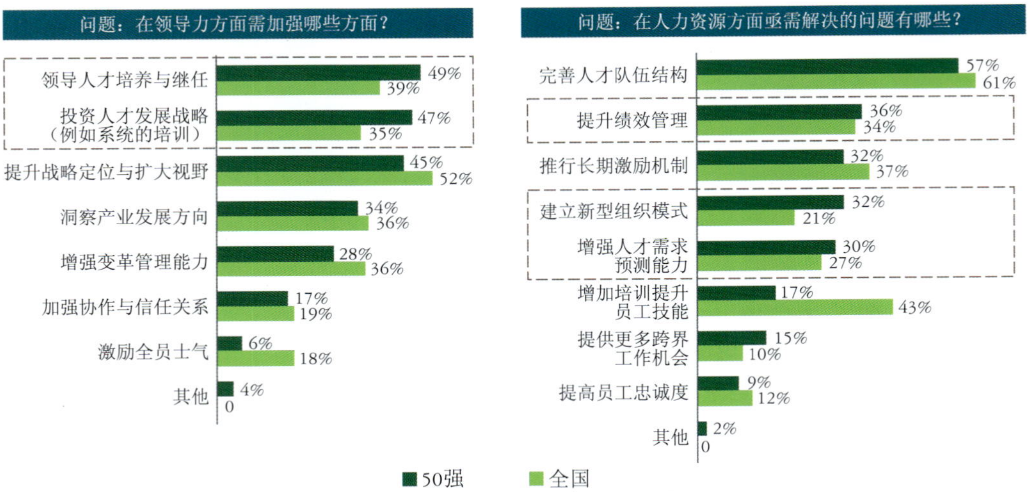

资料来源：德勤2018高科技高成长企业CEO调查问卷，数据对比来自榜单50强企业调研结果与全国所有参与调研的企业的平均结果。

随着企业逐渐成长，组织结构的复杂性也不断增加，只有建设卓越领导力，才能实现灵活运营、强化企业文化与变革管理的最终目标。对此，德勤认为高成长的科技企业应关注企业人才组织架构，做好如下四方面的人才设计方案。

（1）企业应构建与价值链相适应的组织结构。许多独角兽企业多以抢占市场或形成自身独特的技术优势为主要关注点，但在岗位概念方面却不成体系，一旦员工人数形成规模，组织架构如何确定、每位员工定什么岗位、新老员工级别如何平衡就会成为令CEO头疼的问题。所以，构建一套以价值链或以角色为划分方式的、多层级的岗位体系对于面对组织与环境都在迭代的独角兽企业而言十分关键。但也应注意到要简化领导层级以改善决策制定，组建跨部门团队，提升敏捷度和创新能力。

（2）企业应采用多元激励手段，吸引与保留人才。“股权激励、合伙人、跟投”是众多独角兽企业十分热捧的激励手段，这些手段的确在一定时期内十分吸引人，但相信许多企业都希望员工不仅因为物质奖励而被吸引、被保留，所以，为员工指明在本企业职业生涯的发展前景与路径的规划以及持续提升的培训计划也是企业吸引人才、保留人才十分重要的手段。物质与非物质激励手段双管齐下才能让企业想要的人才被吸引、被保留。但与此同时独角兽企业也需要考虑针对员工的股权激励计划以及进行合理的税务筹划以进一步提升激励效果。

（3）企业应规划人才队伍，实现战略落地。众多独角兽企业对自己未来的发展方向是明确的，但对于未来到底需要什么样的人才队伍以及什么样的人才结构是模糊的。所以，人才的类别、人才获取的策略、人才的数量与质量要求，以及如何培养与发展人才是独角兽企业在向大型成熟企业转型的过程中必须明确的内容，只有这样才能使企业的战略真正让企业所需的人才去真正落地。不然，企业战略永远都是董事长与CEO的课题，与企业真正运作并没有直接的关系。

（4）企业应建设领导力数字化。许多独角兽企业都与智能、大数据、科技、电子商务这些热门领域有关，天然与“数字化”相关的企业，他们所需的领导力已超出了传统企业所说的领导力要求，他们更需要具备宽阔的视野、乐于尝试的精神、高情商、更强的适应力等。

二、 运营管理：数字化运营管理如何提升

在大数据和人工智能时代，数字化战略能够提升企业的运营效率和整体竞争力。在运营管理方面，德勤发现多数成长企业的优势在于领先的产品与服务、精益化管理与运营、数字化与新技术应用等方面。与此同时，成长企业的困惑主要集中于数字化管理的应用，包括如何整合所有应用系统以及数据的安全与隐患问题（见图2）。

图2 运营管理相关调查问卷部分

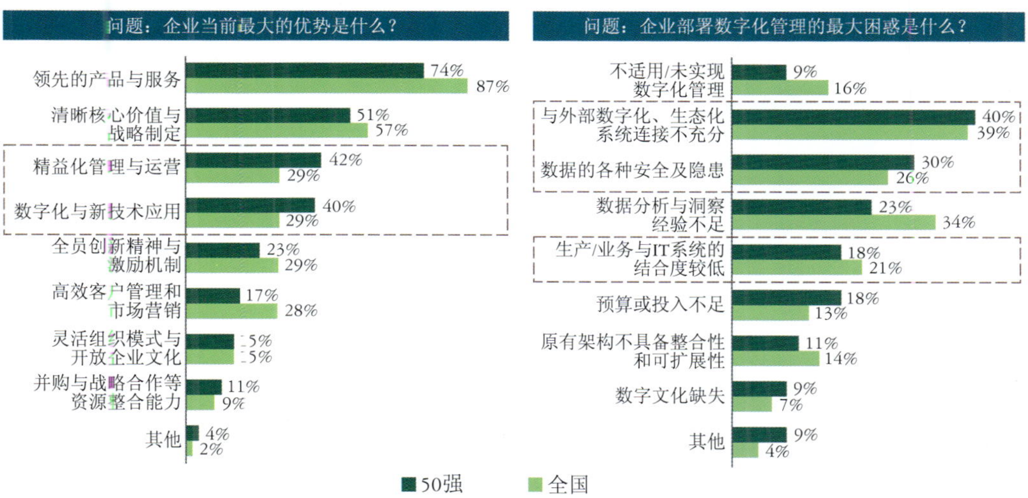

资料来源：德勤2018高科技高成长企业CEO调查问卷，数据对比来自榜单50强企业调研结果与全国所有参与调研的企业的平均结果。

对此，德勤认为高成长的科技企业从“独角兽”发展到“千里马”，实现从优秀到卓越的过程，更需要数字化时代的运营管理思维。

高成长的科技企业在构建数字化运营能力时，需要通过灵活运营强化企业文化与变革管理，构建创新文化，鼓励员工通过精益创业思维进行学习和应用，持续改进和创新企业的业务流程。

（1）企业应构建数字化创新文化。企业需要有能力构建创新文化，助力员工激荡新思维，开展思维创新，进行相互交流并集思广益。数字化创新文化推动企业持续转化创意，并利用数字化技术和管理实践打造新型盈利产品、服务和流程。

（2）企业应具有转型能力。企业应有能力管理广泛而复杂的变革，这是企业未来获取成功的基础。变革能力意味着拥有敏捷反应，为此企业必须建立易于适应新形势的流程。

此外企业应利用转型能力推进变革并让企业所有人员参与进来。

（3）企业应进行变革管理。企业应有能力构建乐于变革的文化，并能管控变革对不同利益相关方产生的影响。此外，与员工的沟通是关键，企业应让各方了解变革的必要性，以及变革对企业和每位员工的影响，这有益于变革管理。

（4）企业应建立连续学习环路。企业应有能力通过精益创业思维进行学习和应用。假设驱动型试验、迭代产品发布以及持续的反馈环路能够强化连续学习环路，从而以最低投入和容错率进行快速应对。

（5）企业应逐步实现卓越运营。企业应有能力管理企业内部业务流程，从而取得卓越业绩。对于有意参与竞争的企业而言，这是一项核心能力。卓越运营的目标是在持续改进和创新过程中推行有效且高效的业务流程。

高成长的科技企业在构建数字化运营能力时，应全面致力于实现洞察导向型决策，即将数据分析纳入企业决策流程，将技术分析能力转化为核心能力。

（1）企业应充分利用数据科学。独角兽企业成为卓越企业需有能力吸引适当人才并建立充足的人才库，并加快数据科学解决方案的实际部署。企业应从数据中获取洞察，并进入业务实时自动改进这一领域。

（2）企业应建设数据基础架构。企业应有能力知悉企业当前的数据储存库和需求之间的差距（无用输入、无用输出），能够搭建共同数字化平台用于整合企业内的同类数据，并且了解网络风险和安全可靠的应对措施。

（3）企业应实现业务与技术协调一致。企业应有能力在整个企业内利用技术把握客户导向机会，实现快速发展（模糊业务和信息技术之间的界限），能够把技术作为核心功能，支持企业各方面的业务需求。

（4）企业应采用数字化决策制定。企业应有能力将数据纳入企业决策流程中，并将分析技术转化为核心能力，能够评估决策自动化潜力大小和进展情况以加快进程。

（5）企业应注重数字化业务影响。企业应有能力了解颠覆要素和使用新技术（如移动互联互通、云计算、大数据和社交媒体）产生的影响，以提升企业能力，能够着重关注并创建平衡的数字化计划组合并运作此类组合。

领先的科技企业要更善于利用数据和新技术实现持续运营效率的提升。成长企业可能面对领先的产品与服务如何持续创新的挑战，德勤认为企业可考虑构建机器人技术与人工智能卓越中心，有计划地让员工腾出更多时间参与创意工作，降低成本并提高服务

质量。为了持续提升运营效率，企业应实现供应链的端到端数字化，尽管实体资产仍较重要，但创造最大价值的是资产数字化管理方式，此外应打造企业的大数据竞争优势，并投资建设云基础架构，以满足不断增长的数据需求。拥有并实现洞察导向型决策对企业成功进行运营管理也至关重要，企业可将数据纳入企业决策流程中，并将分析技术转化为核心能力，从而评估决策自动化潜力大小和进展情况以加快进程。最后，为实现卓越运营，企业可利用分析技术和可用数据来整合应用资源并保持敏捷反应，不遗余力地通过数据整合资源，准确及时地实时分析客户数据，敏捷反应提供的反馈环路有助于企业快速学习，并实现持续改进和快速做出透明决策。同时亦需建立多层数据安全防护体系，实现对隐私数据的自动化管理。

三、*发展战略：如何保持营收持续增长*

进入科技时代，只有具备了清晰的战略，科技企业才有可能在从优秀到卓越的过程中拔得头筹。在发展战略方面，根据本次调查，德勤发现多数高成长企业将借助平台实现业务倍增、生态圈战略，将并购作为企业进一步提升营收的策略。其中多数企业在并购计划中更看重可以实现市场扩张、提升整体效率、进入新的行业等因素（见图 3）。

图3 发展战略相关调查问卷部分

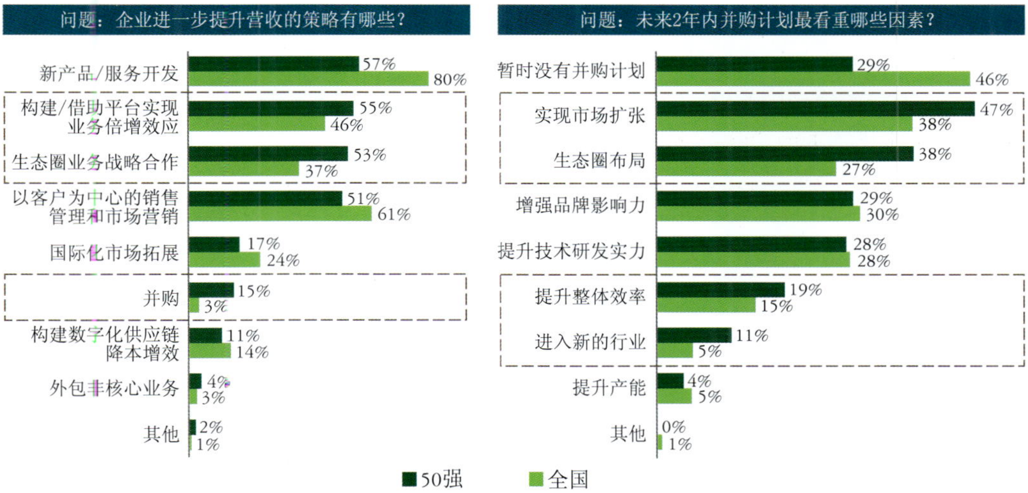

资料来源：德勤 2018 高科技高成长企业 CEO 调查问卷，数据对比来自榜单 50 强企业调研结果与全国所有参与调研的企业的平均结果。

以移动互联网技术、人工智能、机器人、云计算以及大数据为代表的一系列新技术正在通过改变各方参与方式的形式而对各行业产生影响。德勤认为面对技术进步和社会发展，要实现企业持续发展，生态圈发展的思路必不可少。企业可根据主营业务总结的经验获取其他领域的竞争优势，不再局限于自身所在行业。

从建立生态圈意识，到规划协作模式，整合渠道获取战略优势，并持续提升最终客户的服务与体验，生态圈战略是从优秀走向卓越不可缺少的一个关键环节（见图 4）。

图4 生态圈的组织形式示例

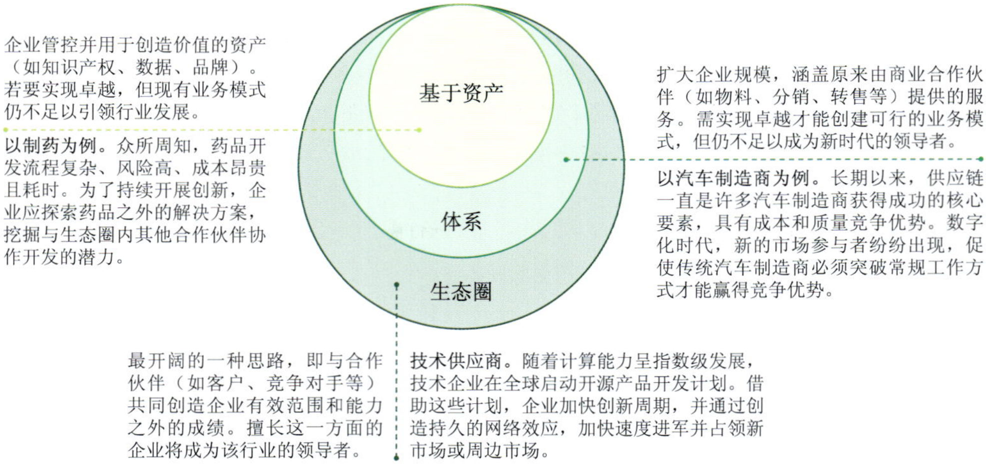

资料来源：德勤 2018 高科技高成长企业 CEO 调查问卷，数据对比来自榜单 50 强企业调研结果与全国所有参与调研的企业的平均结果。

（1）首先独角兽企业应建立生态圈意识。企业应有能力审查分析生态圈中的价值链，并确保适当的合作伙伴能在价值链中提供不同的能力。此外，企业需要明确如何与外部各方合作并形成竞争优势，以及如何创造能借助生态圈进行强化的产品和服务，继而积极推进。

（2）企业应利用虚拟劳动力。企业应有能力应对技术发展并了解相关影响，从而进行员工管理，并且能够综合运用虚拟及协作工具完成必要任务，以满足业务需求并提升业绩。

（3）企业应注重协作模式设计。企业应有能力把企业层级和部门转化为平台和项目。企业的业务、信息技术和数据科学之间必须展开全新的协作。此外企业需了解颠覆性挑战将对当前和未来组织产生的影响，并做好应对准备。

（4）企业应重视并提升客户体验。企业应有能力了解消费过程，并采用现代技术和数据洞察赢取最具价值的客户，打造满足客户需求的产品和服务，以此获取战略优势，提升长期利润。

（5）企业应积极整合渠道。企业应有能力将所有接触点整合至单个客户信息，利用全部客户的整体认知提升关键业绩指标，并且利用先进的分析技术归纳推动关键业绩指标的具体措施以及价值转向领域。

实现战略发展，企业也可借助并购与融资实现市场发展目标。企业需要了解行业内的价值转移以及变革总体情况，借助战略并购或者投资进入新的领域。德勤认为在进行并购时，企业应注意以下要点。

（1）理性并购。资本市场对于通过烧钱获取用户和培育消费习惯的商业模式已失去热情，在资本寒冬的情况下投资人更关注企业自我造血的能力，关注内生性增长的情况下现金流是否可以维持企业自身的发展。创始人和管理层应对公司业务的拓展采取严谨的态度，不可盲目烧钱。

（2）合理估值。前几年股权投资市场高估值明星项目如今上市后未能抵挡"泡沫"破裂的趋势，一、二级市场估值倒挂的情况明显，虽然不排除宏观经济下行的影响，但企业自身拥有可持续高增长的盈利能力才是企业估值的根本。在投资人日渐谨慎的投资风格下，需要融资的初创企业应对公司合理估值，争取尽早"落袋为安"。

（3）前瞻性布局。企业应密切关注新的科技和技术对公司业务的潜在影响，在不烧钱的前提下，尽早对企业的发展和业务做出前瞻性的布局和尝试。

（4）均衡发展。对于轻资产的新兴产业而言，团队和人才的稳定是企业成长必备的原动力。初创公司应适时提前规划员工激励方案，留住人才的同时减少激励方案对未来企业上市前业绩的影响。

企业在不同发展阶段有着不同的融资需求，进行融资时也应注意融资时机（见图5）。

图5 企业融资时机

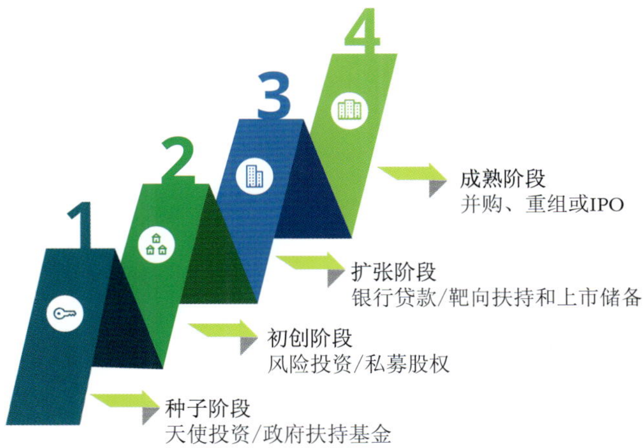

（1）种子阶段。对于多数种子期的企业来说，暂时的无盈利状态使得其承担风险的能力也极为有限，因此，天使投资或政府扶持基金等成为这一阶段创业企业最为青睐的融资方式。

（2）初创阶段。企业产品研发成功，企业运营对于资金的需求量不断加大，但是相应的销售收入现金回流却十分有限。企业处于资产规模小，但对于资金的需求又极为迫切的阶段，企业能否获得足够的资金来占领市场充满了不确定性。这一状况决定了在创立期，企业所面临的各种风险较大，其抵御风险的能力也较弱。因此在创立期，多数企业会选择风险投资、私募股份等作为融资来源。

（3）扩张阶段。企业销售规模迅速扩大，创业及管理队伍也已经成型，公司在生产、销售、服务方面有了十足的把握。在这一阶段，企业往往会抱有扩充队伍、扩大生产线的愿景，以进一步开拓出企业发展的市场。在这一阶段，由于享有了一定的商誉，拥有了一定的资产可以抵押或者关联企业的担保，所以企业的融资方式多为银行贷款、靶向扶持，并且本阶段也可作为企业的上市储备。

（4）成熟阶段。成熟期的企业具有相当的营业能力，拥有正现金流，此时企业多采用并购、重组等方式实现企业市场扩张，提升整体效率，帮助企业成功进入新的行业，扩大其涉及领域，并且逐步进行并完成上市。

四、风险管理：如何控制风险防患未然

企业处在多变的市场环境中，拥有完善的风控体系尤为重要。随着成长企业的快速发展，风险管理目前已经受到越来越多企业的重视。在当前背景下，不断加强和完善内控管理是每一家成长企业迫在眉睫的任务。在风险管理方面，根据本次调查，德勤发现多数成长企业在风险管理方面看重将风险管理纳入企业总体战略，并加强和完善内部控

制建设。而成长企业认为在应对监管与政策变化方面具有挑战（如图6）。

图6 风险管理相关调查问卷部分

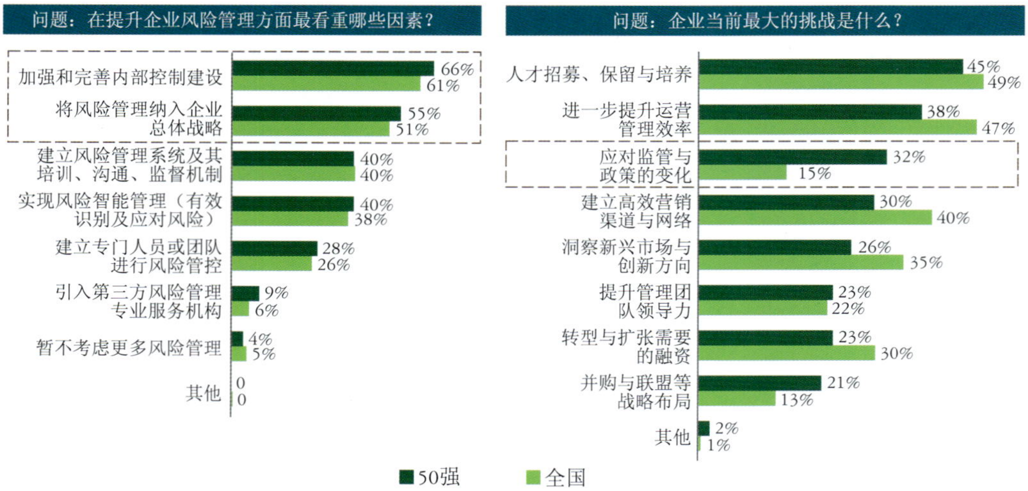

资料来源：德勤2018高科技高成长企业CEO调查问卷，数据对比来自榜单50强企业调研结果与全国所有参与调研的企业的平均结果。

在成长企业迈向成熟企业的路上，德勤认为成长企业应重视风险管控，并将风险管理纳入企业总体战略，积极关注政策与监管变化，并在上市前后进行财务审计和税务、法律等方面的准备。

企业应采取全面的规划和专业的梳理以便降低风险。高科技高成长企业在公司扩张和业务模式的探索过程中，要注重盈利模式和资金回报率，不能盲目扩张以保证充足的运营资金。 公司在运营过程中需要关注财务和税务上的合规以降低合规风险，同时需要尽量提升运营效益。可以借助专业机构从财务和税务角度进行全面系统的梳理，并合理筹划，以便在优化运营效益的同时控制相关风险。

企业需要寻找“快”和“稳”之间的平衡，稳健的发展离不开风险控制系统。当企业规模越来越大，业务越来越多，人员越来越复杂，面对纷繁复杂的内外部环境、行业变化等，企业管理更加需要寻找“快”和“稳”之间的平衡。此外，企业应建立全方位管控，包括授权管理、风险分析评估、供应链流程分析、财务支出控制、现金流控制、运营分析控制、审计监督控制等，以便加强完善风险管控（见图 7）。

图7 治理与管控服务全景图

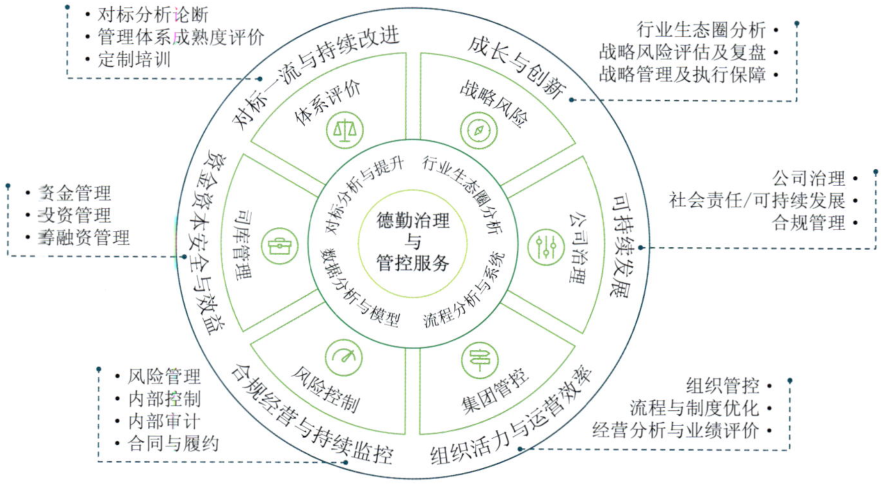

资料来源：德勤中国。

总体来看，德勤认为从优秀“独角兽”向卓越“千里马”企业进阶，意味着从内到外全方位的提升。

(1) 更开放的战略。在科技竞争时代，技术迭代更加快速，战略对于企业的持续发展更加凸显其重要性。科技企业应通过建立生态圈战略，利用在所在领域或主营业务中获得的经验与优势，帮助确定在其他领域的优势，并扩大其涉及领域，避免单一市场。通过生态圈深入合作，不断吸取行业生态中的发展变化，从而立于不败之地。

(2) 更精益的管理。在战略的基础上，高成长的科技企业应逐步建立数字化管理与运营体系，整合资源并提升运营效率。企业应保持技术创新、技术领先，更多地利用人工智能技术，实现降本增效的目的。未来人工智能将在科技时代占据主导优势，甚至会成为社会格局的改变者，而数据将是实现这一切发展的基础。高科技企业除了要在前沿和原创技术方面发力，更要在企业内部管理方面将数字化管理体系建设完整，以便实现长期的稳健发展。

(3) 更优秀的团队。人才战略是企业保持竞争优势的关键，高成长的科技企业应注重人才的吸引和保留，注重员工的学习和个人长期发展，把员工学习纳入企业长期愿景中，以便提升员工的敬业度、忠诚度以及工作效率。在组织架构方面，则需要构建与价值链划分方式相匹配的岗位体系，以适应不断发展变化的企业需要。

(4) 更智慧的风控。随着企业发展规模愈加庞大，内部结构日益复杂，构建一个智慧的管理控制系统成为必要，这包括：①灵活的组织和授权；②智能的风险评估和分析；③高效的内部制度体系建设；④系统的财务和税务规划。做好这一切风险管控，将最大限度保证从优秀到卓越的发展顺利实现。

周锦昌 | 德勤中国科技、传媒和电信行业领导人 tbzhang@deloitte.com.cn
赵锦东 | 德勤中国全国高成长项目主管合伙人 jindzhao@deloitte.com.cn
李美虹 | 德勤研究科技、传媒和电信行业研究员 irili@deloitte.com.cn

1

2

3

4
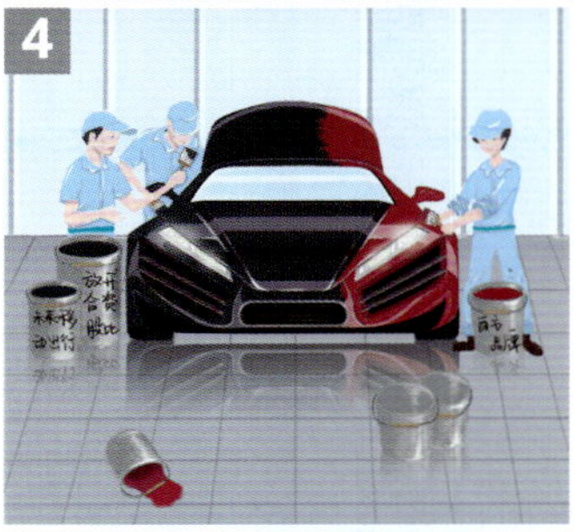

Deloitte.

5

6

7

8

1/2 许思涛 | 德勤中国首席经济学家 合伙人 | sxu@deloitte.com.cn

3 董伟龙 | 德勤中国工业产品及建筑子行业、中国工业 4.0 卓越中心领导人 | rictung@deloitte.com.cn

4 何马克博士 | 德勤中国汽车行业领导合伙人 | mhecker@deloitte.com.cn

5 张天兵 | 德勤中国消费品及零售行业领导合伙人 | tbzhang@deloitte.com.cn

6 林国恩 | 德勤中国电信、传媒及娱乐行业领导人 | talam@deloitte.com.cn

7 马炯琳 | 德勤中国政府及公共事务行业主管合伙人 | clarma@deloitte.com.cn

8 赵锦东 | 德勤中国全国高成长项目主管合伙人 | jindzhao@deloitte.com.cn

如希望了解更多报告和相关信息，
请登录德勤中国官方网站
www.deloitte.com.cn

Should you wish to learn more about the report and relevant information, please log on www.deloitte.com.cn

《德勤新视界》读者调查问卷

1. 本辑所有栏目中，您最感兴趣的栏目是哪一个？					
请您按照以下标准打分：	5（非常好）	4（较好）	3（说不准）	2（较差）	1（非常差）
资本市场	☐	☐	☐	☐	☐
对话	☐	☐	☐	☐	☐
封面故事	☐	☐	☐	☐	☐
行业趋势	☐	☐	☐	☐	☐
2. 本辑所有文章中，对您最有启发和帮助的是哪一篇？					
请您按照以下标准打分：	5（很有帮助）	4（有些帮助）	3（说不准）	2（没什么帮助）	1（没有帮助）
2019年中国经济展望	☐	☐	☐	☐	☐
互联网金融的可为与不可为 ——对话唐宁	☐	☐	☐	☐	☐
企业如何部署智能赛道？	☐	☐	☐	☐	☐
“后合资时代”的中国汽车自主品牌	☐	☐	☐	☐	☐
数字化生活服务市场生态展望	☐	☐	☐	☐	☐
5G重塑全行业	☐	☐	☐	☐	☐
AI来临：重构城市DNA	☐	☐	☐	☐	☐
“独角兽”到“千里马” ——从优秀到卓越	☐	☐	☐	☐	☐

3. 您从哪一个渠道获得 / 关注到本书 / 本书中某篇文章

☐ 德勤员工向您赠阅　☐ 企业管理人员向您推荐　☐ 公开商务场合

☐ 论坛 / 峰会 / 交易会现场陈列　☐ 德勤中国官方网站　☐ 其他媒体转载

4. 除了本辑所关注的行业之外，您目前特别关注的行业是：________________

5. 除了本辑所讨论的话题之外，您目前特别关注的话题是：________________

6. 您今后是否想继续收到德勤中国编辑的《德勤新视界》（☐ 是　☐ 否）

您填写完成调查问卷后，可以发送传真或电子邮件到以下联系方式：

FAX: +86 21 6335 0003 《德勤新视界》编辑组 收　　Email: cndr@deloitte.com.cn

谢谢您的阅读与合作！

德勤中国办公室及联系方式

北京
中国北京市东长安街 1 号
东方广场东方经贸城西二办公楼8层（邮政编码：100738）
电话：+86 10 8520 7788
传真：+86 10 8518 1218

长沙
中国长沙市开福区芙蓉北路一段 109 号
华创国际广场 3 号栋 20 楼（邮政编码：410008）
电话：+86 731 8522 8790
传真：+86 731 8522 8230

成都
中国成都市人民南路二段 1 号
仁恒置地广场写字楼 34 层 3406 单元（邮政编码：610016）
电话：+86 28 6789 8188
传真：+86 28 6500 5161

重庆
中国重庆市渝中区瑞天路 10 号
企业天地 8 号德勤大楼 36 层（邮政编码：400043）
电话：+86 23 8823 1888
传真：+86 23 8859 9188

大连
中国大连市中山路 147 号
森茂大厦 1503 室（邮政编码：116011）
电话：+86 411 8371 2888
传真：+86 411 8360 3297

广州
中国广州市珠江东路 28 号
越秀金融大厦 26 楼（邮政编码：510623）
电话：+86 20 8396 9228
传真：+86 20 3888 0575

杭州
中国杭州市上城区飞云江路 9 号
赞成中心东楼 1206-1210 室（邮政编码：310008）
电话：+86 571 8972 7688
传真：+86 571 8779 7915 / 8779 7916

哈尔滨
中国哈尔滨市南岗区长江路 368 号
开发区管理大厦 1618 室（邮政编码：150090）
电话：+86 451 8586 0060
传真：+86 451 8586 0056

合肥
中国安徽省合肥市
政务文化新区潜山路 190 号
华邦 ICC 写字楼 A 座 1201 单元（邮政编码：230601）
电话：+86 551 6585 5927
传真：+86 551 6585 5687

香港
香港金钟道 88 号
太古广场一期 35 楼
电话：+852 2852 1600
传真：+852 2541 1911

济南
济南市市中区二环南路 6636 号
中海广场28层2802、2803、2804单元（邮政编码：250000）
电话：+86 531 8973 5800
传真：+86 531 8973 5811

澳门
澳门殷皇子大马路 43-53A 号
澳门广场 19 楼 H-N 座
电话：+853 2871 2998
传真：+853 2871 3033

蒙古
15/F, ICC Tower, Jamiyan-Gun Street
1st Khoroo, Sukhbaatar District,
14240-0025 Ulaanbaatar, Mongolia
电话：+976 7010 0450
传真：+976 7013 0450

南京
中国南京市汉中路 2 号
亚太商务楼 6 楼
邮政编码：210005
电话：+86 25 5790 8880
传真：+86 25 8691 8776

上海
中国上海市延安东路 222 号
外滩中心 30 楼（邮政编码：200002）
电话：+86 21 6141 8888
传真：+86 21 6335 0003

沈阳
中国沈阳市沈河区青年大街 1-1 号
沈阳市府恒隆广场办公楼 1 座
3605-3606 单元（邮政编码：110063）
电话：+86 24 6785 4068
传真：+86 24 6785 4067

深圳
中国深圳市深南东路 5001 号
华润大厦 13 楼（邮政编码：518010）
电话：+86 755 8246 3255
传真：+86 755 8246 3186

苏州
中国苏州市工业园区苏惠路 88 号
环球财富广场 1 幢 23 楼（邮政编码：215021）
电话：+86 512 6289 1238
传真：+86 512 6762 3338 / 6762 3318

天津
中国天津市和平区南京路 183 号
世纪都会商厦办公楼 45 层（邮政编码：300051）
电话：+86 22 2320 6688
传真：+86 22 8312 6099

武汉
中国武汉市江汉区建设大道 568 号
新世界国贸大厦 I 座 49 楼 01 室（邮政编码：4300[illegible]）
电话：+86 27 8526 6618
传真：+86 27 8526 7032

厦门
中国厦门市思明区鹭江道 8 号
国际银行大厦 26 楼 E 单元（邮政编码：361001）
电话：+86 592 2107 298
传真：+86 592 2107 259